Se connaître autrement grâce à la sociologie

C3 p51

C9 p 161

p 188-189

Catalogage avant publication de la Bibliothèque nationale du Canada

Angers, Maurice, 1944-
    Se connaître autrement grâce à la sociologie : initiation aux rapports individu et société
    Rev. et augm.
    Comprend des réf. bibliogr. et un index.
    ISBN 2-89035-374-5

1. Moi (Psychologie) – Aspect social. 2. Individu et société. 3. Interaction sociale. 4. Relations humaines. 5. Intégration sociale. 6. Identité (Psychologie). I. Titre.

BF 697.5.S65A64 2003   155.9'2   C2003-940854-X

Société de développement des entreprises culturelles
Québec

Canada

Les Éditions Saint-Martin bénéficient de l'aide de la SODEC pour l'ensemble de leur programme de publication et de promotion.
Les Éditions Saint-Martin sont reconnaissantes de l'aide financière qu'elles reçoivent du gouvernement du Canada qui, par l'entremise de son programme d'Aide au Développement de l'industrie de l'Édition, soutient l'ensemble de ses activités d'édition et de commercialisation.

Édition : Vivianne Moreau

Correction d'épreuves : Geneviève Moulin

Crédits photos en couverture : G. Rocher (Archives personnelles); N. Elias (Bert Nienhuis); C. Baudelot (Archives personnelles et P.U.F.); R. Establet (Pierre Donaint et P.U.F.); M. Crozier (Éditions Fayard); C. Horton Cooley (University of Michigan); A. Touraine (Éditions Fayard); C. Wright Mills (Yaroslava Mills).

Dépot légal : Bibliothèque nationale du Québec, 2ᵉ trimestre 2003
Imprimé au Québec (Canada)

ÉDITIONS SAINT-MARTIN
©2003 Les Éditions Saint-Martin
5000, rue Iberville, bureau 203
Montréal (Québec) H2H 2S6
Tél. : (514) 529-0920
Téléc. : (514) 529-8384
st-martin@qc.aira.com

Maurice Angers

Se connaître autrement grâce à la sociologie

Initiation

aux rapports

individu et

société

ÉDITIONS
SAINT-MARTIN

À Louise

TABLE DES MATIÈRES

Avant-propos

Cet ouvrage avait d'abord été conçu pour le grand public, pour les intéresser et les initier tout à la fois à la sociologie, en mettant l'accent sur les rapports entre l'individu et la société. Devant l'intérêt qu'il a, immédiatement, suscité dans l'enseignement collégial au Québec, j'ai décidé de le retravailler pour lui donner un caractère pédagogique. La première édition possédait déjà, à ce qu'on m'a rapporté, une qualité primordiale à tout bon manuel scolaire, à savoir son caractère vulgarisateur. Pour compléter, il fallait cependant ajouter quelques ingrédients supplémentaires, ce que veut combler cette deuxième édition.

C'est ainsi qu'en premier lieu, tous les concepts et notions qui traversent l'ouvrage ont été définis et des encadrés à l'intérieur de chaque chapitre en rendent compte. Aussi, chaque chapitre se termine avec quelques questions à développement qui ont été conçues pour permettre à l'étudiant ou à l'étudiante qui y répond de s'assurer d'avoir retenu l'essentiel du contenu du chapitre. De plus, tout au long, des photos de sociologues majeurs viennent agrémenter et bonifier la lecture. En outre, pour mieux faire saisir la nomenclature des classes sociales du sociologue Pierre Bourdieu et son concept d'habitus, deux tableaux explicatifs ont été ajoutés. De même, pour faciliter le repérage subséquent des éléments majeurs jalonnant l'ouvrage, il y a, à la fin, un index incluant les termes clés et les auteurs mentionnés.

J'espère que cette nouvelle édition confortera les utilisateurs actuels et qu'elle intéressera d'autres professeurs. Ces derniers y découvriront une introduction originale à la sociologie à plus d'un titre. D'abord, il y a un fil conducteur, de chapitre en chapitre : l'étudiant et l'étudiante s'initient à la sociologie tout en apprenant à mieux se connaître. L'accent, tout au long, est mis sur la découverte de soi comme être social. Ensuite, le ton est convivial pour créer une certaine connivence avec le lecteur et la lectrice. J'évoque même, à certains endroits, des événements vécus pour faire ressortir le fait que la biographie de chacun n'est pas sans rapport avec la société et l'époque auxquelles il appartient. J'espère ainsi transmettre ma passion pour cette discipline qu'est la sociologie parce qu'elle nous ouvre à des horizons insoupçonnés. Le style, enfin, se veut plus direct qu'il l'est habituellement dans ce genre d'ouvrage, pour suggérer que le sociologue, tout en étant rigoureux et en tendant vers l'objectivité, n'est pas pour autant un être désincarné, mais qu'il peut être sensible et engagé, ce que d'ailleurs nous enseignent les plus grands d'entre ceux dont il est fait mention. L'étudiant comme l'étudiante vont être à même de constater qu'on ne se dirige pas vers des études en sociologie si on n'a pas, planté au cœur, le désir de transformer la société pour le mieux-être de ses semblables.

Enfin, il peut être intéressant de préciser, pour ceux et celles qui n'ont pas lu la première édition, que ce projet a vu le jour suite aux questions de mes proches, en particulier mes neveux et nièces, qui se demandaient bien ce que la sociologie pouvait apporter à la compréhension de l'humanité. J'ai donc fait parvenir une lettre différente à mes dix neveux et nièces, portant chacune sur un aspect important de la sociologie et touchant la découverte de soi-même et nos interactions avec les autres en société, à travers les institutions et les groupes qui la composent. Ensuite, mes proches m'ont fait part de leurs commentaires, ce qui m'avait convaincu alors de partager le fruit de mes recherches avec le grand public. Un gros merci affectueux va à Andréanne, Frédéric, Dany, Yves, Patrick, Claudia, Luc, Yannick, France et Guillaume.

INTRODUCTION

On n'est jamais seul
Tout seul

Edgar BORI

Cet ouvrage reflète ma passion pour la sociologie et mon désir de partager mes découvertes.
J'œuvre dans ce domaine depuis plus de 30 ans,
mais je constate que la sociologie demeure la
discipline la moins connue parmi les sciences
humaines. De plus, il semble difficile, pour la
plupart des gens, d'y associer un objet d'études
concret, comme on pourrait le faire, par
exemple, entre le pouvoir et la science politique, les biens et la science économique, le
passé et l'histoire, l'espace et la géographie, les
processus mentaux et la psychologie, etc.

On peut associer la sociologie au social ou
à la société, mais cela demeure quelque peu
vague, car la sociologie n'aborde pas nécessairement des problèmes différents de certaines
autres disciplines. Au contraire, elle touche un
large éventail de phénomènes, examinés eux
aussi par d'autres champs des sciences
humaines. Mentionnons entre autres le travail,
la famille, la santé, l'ethnicité, les rapports entre
hommes et femmes, les médias, l'école, le
vieillissement, et la liste pourrait s'allonger…

L'originalité de la sociologie a trait à la
perspective qu'elle adopte pour explorer ces
diverses sphères d'activités. On y découvre
notamment que nos actions et nos pensées ne
relèvent pas simplement de notre personnalité
unique, mais de ce que nous sommes en tant

qu'êtres sociaux, c'est-à-dire liés les uns aux autres, vivant en société. Quand nous scrutons plus à fond nos raisons d'agir, on se rend vite compte que nous ne sommes pas seuls. Nous sommes un maillon dans cette chaîne humaine et nous participons à un mouvement d'ensemble.

Cet ouvrage comporte dix chapitres, chacun fournissant une clé qui ouvre une porte sur cette vision originale visant à mieux nous connaître. Chaque chapitre traite d'un sujet dévoilant un aspect social de nous-mêmes. Vous aurez également l'occasion de rencontrer de grands sociologues qui ont enrichi l'histoire de cette discipline.

Les deux premiers chapitres abordent la perspective sociologique en dévoilant des travaux qui en font ressortir des points de repère de cette discipline. Le chapitre 1, à l'aide d'une recherche célèbre du sociologue Émile Durkheim, un des fondateurs de la sociologie, démontre que, dans l'étude d'un phénomène, cette discipline scrute toujours les caractéristiques sociales des gens impliqués. Le chapitre 2 met l'emphase sur le fait que cette discipline aborde tout phénomène en tenant compte du contexte social dans lequel il se produit; fait que le sociologue C. Wright Mills relie aux enjeux sociaux et Karl Mannheim à la notion de génération.

Les trois chapitres suivants s'attardent à un phénomène majeur dans la constitution de notre être social, la socialisation. Le chapitre 3 traite des mécanismes et des agents qui agissent sur nous dès notre plus tendre enfance en présentant les découvertes de divers socio-logues dont Charles Horton Cooley, George Herbert Mead et Erving Goofman. Le chapitre 4 met l'accent sur le lien entre un type de société et le caractère social que ses membres développeront, à partir de l'étude célèbre du sociologue David Riesman. Le chapitre 5 aborde la question délicate de l'éducation différenciée des garçons et des filles en examinant notamment les travaux français de Christian Baudelot et de Roger Establet et la recherche québécoise de Pierrette Bouchard et de Jean-Claude St-Amant.

Suivent deux chapitres consacrés à de grands sociologues contemporains et à deux phénomènes sociaux majeurs. Le cha-pitre 6 approfondit la trace que laisse sur nous le fait d'être né dans telle classe sociale plutôt que dans telle autre, étude qui a rendu célèbre Pierre Bourdieu et en a fait, selon plusieurs, le plus grand sociologue du 20ᵉ siècle. Le chapitre 7, à partir de recherches sociologiques sur 300 ans de notre histoire, par celui qui est considéré, par beaucoup, comme le plus grand intellectuel que le Québec a connu, Fernand Dumont, essaie de cerner le concept de nation et la situation québécoise.

Les deux chapitres subséquents réfèrent à deux autres phénomènes marquants dans une société. Le chapitre 8 aborde les comportements et les attitudes qui se développent dans une situation de domination, autant du côté des dominants que des dominés, et le racisme que cela peut entraîner, à partir de l'étude classique d'Albert Memmi. Le chapitre 9 nous fait entrer dans le monde du travail pour y découvrir son organisation et la distribution du pouvoir entre les protagonistes, en relatant deux expérimentations, celle de Frédérick Winslow Taylor et celle de George Elton Mayo, puis en élaborant sur la découverte de Michel Crozier, qui a marqué la sociologie.

Le chapitre 10, le dernier, aborde un sujet qui nous questionne, à mesure qu'on fait des découvertes sur le caractère social de notre être grâce à la sociologie, à savoir si nous sommes finalement libres en société. Il y sera examiné, outre le point de vue des sociologues Bourdieu et Mills, celui d'Alain Touraine et de Zygmunt Bauman.

Je souhaite que cette merveilleuse aventure à la découverte de soi, hors des sentiers battus, en vous initiant à la sociologie, vous emballera autant qu'elle me passionne depuis que j'ai découvert cette discipline.

Bonne lecture !

Maurice Angers, auteur

CHAPITRE 1

NOTRE DEGRÉ D'INTÉGRATION SOCIALE

L'étude des caractéristiques sociales des individus

Examiner notre degré d'intégration à la société et aux divers groupes qui la composent est une approche de la sociologie qui permet d'éclairer notre comportement. ÉMILE DURKHEIM (1858-1917), un éminent fondateur de la sociologie, voyait d'ailleurs la source de bon nombre de comportements dans le degré de présence de la société chez ses membres. Selon lui, une société encadre les individus de façon lâche ou serrée. Or, aucune de ces méthodes d'encadrement ne semble souhaitable car une société qui enserre ses membres enferme aussi leur individualité, tandis qu'une société qui relâche trop les liens en ne fixant pas de bornes aux appétits ou aux désirs de ses membres risque de perdre son essence. Durkheim s'est penché sur un problème concret, celui du suicide, afin d'illustrer ces affirmations qui peuvent sembler, de prime abord, abstraites.

Le suicide est plus qu'un problème personnel

ÉMILE DURKHEIM
(1858-1917)

À première vue, le problème du suicide peut sembler plus personnel que social. Or, c'est justement dans ce changement de perspective que réside l'intérêt pour l'étude de Durkheim sur le suicide. En se penchant sur l'effet de la société sur l'individu, en étudiant les taux de suicide et les **caractéristiques sociales** des suicidés, le lien entre le suicide et la société apparaît alors. Pourtant, attenter à sa vie est en effet une délibération personnelle, dont la principale composante semble plutôt une volonté de se couper de la société.

En tant que chercheur scientifique, Durkheim s'intéresse à l'origine du phénomène avant d'imaginer une résolution du problème. Dans la deuxième moitié du 19e siècle, justement au moment où il se penche sur ce fléau, la montée vertigineuse des suicides en Europe est plus qu'alarmante. Jusqu'alors, les spécialistes attribuaient presque exclusivement la source des gestes autodestructeurs à des facteurs individuels. Mais Durkheim rompt avec la tradition car il y voit davantage un phénomène d'ordre collectif causé par des facteurs sociaux. Dès le début de ses recherches, les données provenant de plusieurs pays d'Europe qu'il accumule démontrent clairement que les suicides ne se répartissent pas aléatoirement mais varient plutôt selon des facteurs sociaux identifiables. Il a fait cette découverte en mettant de l'ordre dans les statistiques disponibles; d'une part, il a construit un taux social du suicide (soit le nombre de suicidés par cent mille ou un million d'habitants, selon le cas), d'autre part, il a croisé ce taux avec des caractéristiques sociales des suicidés eux-mêmes en utilisant les rapports de police de divers pays. Il s'est aussi assuré, en croisant ces chiffres, que les facteurs extra-sociaux couramment énoncés à l'époque ne pouvaient pas rendre compte de l'ampleur et de la variation des taux de suicide. Il étudia et *infirma* ainsi l'hérédité ou la transmission par la famille, la folie, l'imitation, le climat et la race (tout en mettant déjà en garde qu'on ne peut définir une telle chose dans la réalité étant donné la multitude de croisements entre les humains au cours de l'histoire). Je vous épargne les statistiques. Je soulignerai simplement le sens des variations d'une période à l'autre ou d'un pays à l'autre pour ce qui s'est avéré significatif : les facteurs sociaux. À titre de référence, le livre de Durkheim présente de nombreux tableaux statistiques ainsi que ses interprétations.

DÉFINITION

CARACTÉRISTIQUE SOCIALE
Catégorie sociologique attribuée à des individus permettant de les classifier pour fin d'analyse (critères usuels : âge, sexe, statut civil, classe sociale, ethnie, orientation religieuse…)

Ce qu'ont en commun les églises, la famille et le politique

Afin de comprendre l'origine des suicides, Durkheim cherche à identifier les facteurs qui peuvent faire varier le taux de suicide. Sa première constatation porte sur la religion d'appartenance. En analysant ce facteur, je vous ferai découvrir par la même occasion sa méthode d'analyse, rigoureuse et minutieuse, dont je ne parlerai plus.

Il compare d'abord les États où domine la religion catholique à ceux où domine la religion protestante puis à ceux de religions mixtes. Les statistiques démontrent qu'il y a plus de suicides en pays protestants, mais, avant de conclure, il se demande si cela peut aussi être attribuable au milieu social, différent pour chaque pays, au-delà de la religion dominante. Durkheim scrute, par conséquent, le taux de suicide dans un même pays, entre des régions de religions différentes. Il constate, encore là, que dans les régions protestantes, le taux est plus élevé. Afin de confirmer ces tendances, il tient aussi compte de la nationalité et s'attarde à la Suisse particulièrement, car elle comporte des populations française et allemande. Il remarque alors que le taux de suicide est stable d'une nationalité à l'autre. Cependant, les cantons suisses protestants récoltent, encore là, un taux plus élevé de suicide que les cantons catholiques. Voici sa conclusion suite à ses nombreuses vérifications : « L'action du culte est donc si puissante qu'elle domine toutes les autres[1]. »

Ayant constaté que la religion a un impact sur le taux de suicide, il scrute ce facteur afin de savoir ce qui entraîne des propensions différentes au suicide. Durkheim voit dans les statistiques que le taux de suicide est moins élevé chez les catholiques et encore moins chez les juifs par rapport aux protestants. Les préceptes religieux n'expliquent pas à eux seuls cette tendance, d'autant plus que la seule de ces religions à ne pas proscrire le suicide, la religion juive, est celle qui possède le plus faible taux. Cette dernière constatation confirme Durkheim dans l'idée que ce n'est pas la morale ou les idées religieuses qui poussent au suicide, mais plutôt la structure sociale élaborée par chaque religion. Ainsi, plus une église ou une société religieuse encadre, contrôle, établit des liens étroits avec ses fidèles, plus ceux-ci sont prémunis contre la tendance au suicide parce que les adhérants à cette religion se sentent plus intégrés.

Ce n'est donc pas la doctrine prêchée par chaque religion qui influence le taux de suicide, mais l'organisation en place et l'encadrement des fidèles. La religion protestante, par exemple, permettait à l'origine que chaque fidèle examine lui-même sa conscience et laissait à chacun le soin de lire et d'interpréter la Bible. Cette Église limite ainsi volontairement son emprise et ses adhérents sont moins intégrés. Le catholique, de son côté, est soumis à une hiérarchie rigide qui encadre ses faits et gestes et qui régit les croyances. Son sentiment d'appartenance à l'Église est plus prononcé et il en va de même pour le juif, dont la religion est encore plus contraignante et dont les persécutions immémoriales subies ont renforcé l'esprit de

---

1. DURKHEIM, Émile. *Le Suicide*, Paris, P.U.F., 1967 (1897), 2ᵉ édition, p. 152.

cohésion. Durkheim en conclut donc que le degré d'appartenance à une société très intégrative a manifestement plus d'impact sur le taux de suicide que les dogmes ou les croyances. Autrement dit, plus une Église ou une société religieuse encadre, contrôle et établit des liens étroits avec ses fidèles, moins ceux-ci sont enclins au suicide parce qu'ils se sentent intégrés. On saisit ainsi l'importance de l'intégration d'un individu à sa société pour élucider son comportement.

L'Église catholique actuelle n'a sans doute plus, dans les faits, l'emprise de naguère. Elle n'a plus son effet protecteur et le taux de suicide ne cesse d'ailleurs de progresser. Ce facteur n'est présentement plus de rigueur dans les analyses, et certains ont critiqué Durkheim car les populations religieuses sur lesquelles il s'est attardé se distinguaient bien autrement que grâce à leur religion. Ils lui reprochent d'avoir isolé l'appartenance religieuse en ne tenant pas compte des autres caractéristiques telles que le degré d'urbanisation et le style de vie. Durkheim s'est pourtant intéressé à d'autres aspects, dont certains alimentent encore aujourd'hui la réflexion sur le suicide. Il a notamment cherché à voir si sa théorie de l'intégration des individus s'appliquait aussi à d'autres regroupements, communautés ou groupes d'appartenance refermés et protecteurs. Ces regroupements ou communautés sont diversifiés et peuvent se présenter sous la forme d'une famille ou bien d'une société politique.

Pour ce qui est de la famille, Durkheim insiste sur le rôle important qu'elle joue dans la prévention. Par famille, il entend « le groupe complet formé par les parents et les enfants[2] » car il ne semble pas que ce soit le mariage qui immunise davantage, mais plutôt le statut de père ou de mère. Il observe dans les statistiques un taux élevé de suicides chez les célibataires et les veufs sans enfants. Selon les chiffres, plus la famille est nombreuse, moins un de ses membres songe au suicide. Durkheim ne peut s'empêcher de constater que : « Depuis 1826, le suicide ne cesse de s'accroître et la natalité de diminuer[3]. » Il constatait déjà à l'époque, en Europe, que les familles se disloquaient de plus en plus. Contrairement à l'idée courante, il confirme que plus les charges familiales sont lourdes, plus on s'en-

---

2. DURKHEIM, Émile. *op. cit.*, p. 208.

3. DURKHEIM, Émile. *op. cit.*, p. 212.

gage dans la vie familiale et plus on s'immunise contre le suicide, même chez les plus pauvres. Il associe cet état de choses au fait que plus on est nombreux dans un groupe, plus les échanges entre les membres peuvent se multiplier, plus il se crée une mémoire commune vivante qu'on transmet à la génération suivante, et les chances d'être intégrées sont plus grandes. On élargit au-delà de la famille elle-même ou de l'Église précédemment, cette idée que les humains vivent en sociétés ou en groupes. Plus ces entités les incorporent fortement, plus ils sont protégés contre l'autodestruction. Ce degré d'appartenance n'est toutefois pas synonyme d'assimilation et ne doit pas être excessif comme nous verrons plus loin.

Durkheim complète sa démonstration sur l'intégration d'une manière inattendue en se référant à la société politique. Il constate d'abord que, dans les périodes de crises politiques, le taux de suicide diminue. Cet effet varie cependant d'une région à une autre dans un même pays et lors de la même crise, prouvant ainsi que c'est l'intensité avec laquelle les citoyens vivent cette crise et non la crise comme telle qui a l'effet protecteur. Autrement dit, afin de faire face à la crise sociale, les individus se rapprochent les uns des autres, ce qui stimule l'intégration sociale et en conséquence de quoi le taux de suicide diminue. De plus, cette tendance à la baisse peut se poursuivre au-delà de la crise si elle a été d'une intensité suffisante.

Le péril d'un trop grand affranchissement du milieu social

Durkheim propose qu'il existe un lien indéniable entre la plus ou moins grande intégration des individus à leur société et leur attachement à la vie. C'est le manque d'intégration sociale qui explique, selon lui, la majeure partie des suicides à son époque : « Plus les groupes auxquels il (le suicidé potentiel) appartient sont affaiblis, moins il en dépend, plus, par la suite, il ne relève que de lui-même pour ne reconnaître d'autres règles de conduite que celles qui sont fondées dans ses intérêts privés[4]. » Le « moi » prend alors le dessus sur le groupe, ce qui l'entraîne à rompre avec la société. Selon l'appellation de Durkheim, ce type de suicide correspond à un **suicide**

---

4. DURKHEIM, Émile. *op. cit.*, p. 223.

égoïste, et est caractérisé par un trop grand affranchissement du milieu social, un trop grand repli sur soi. C'est la marge de manœuvre trop importante laissée par les groupes aux membres qui pousse au suicide des gens qui, dans d'autres circonstances, n'y auraient peut-être jamais cédé. La vulnérabilité n'entraîne donc pas forcément quelqu'un vers le suicide; c'est vraiment le milieu ambiant qui incite ces personnes, vulnérables au départ à la solitude et à l'exclusion, à commettre un geste irrémédiable. Le fait de ne pas avoir de liens tangibles avec d'autres membres de la société engendre une forme d'égoïsme à la base du problème. C'était la grande découverte de Durkheim : pour expliquer une bonne part des suicides dans une société, c'est à cette même société, à la façon dont elle relie ses membres, qu'il faut se référer et non s'en prendre aux membres un à un.

Les suicides ne découlent pas tous de l'égoïsme, ce sentiment qui résulte du fait que la société laisse l'individu trop à lui-même. Durkheim, en effet, en ajoute deux autres types rencontrés dans la société qui proviennent encore de la société elle-même et du degré d'intégration établi, il s'agit des suicides altruiste et anomique.

Le danger d'un trop grand oubli de soi

Durkheim définit clairement le **suicide** au début de son ouvrage. La première caractéristique du suicidé est celle du geste lucide, réfléchi qu'il pose sachant parfaitement que sa mort va en résulter. Quelqu'un qui se précipite résolument du haut des airs croyant qu'il pourra voler n'est ni lucide ni réfléchi; il est perturbé et sa mort est plus un égarement qu'un suicide. Une deuxième caractéristique est la force déployée pour parvenir à sa fin par un individu, que ce soit de façon positive en agissant ou négative en se laissant mourir. Enfin, la troisième caractéristique est le fait de se donner soi-même la mort ou d'aller volontairement au-devant de celle-ci. La ligne de séparation entre s'enlever la vie ou accomplir un acte dont le résultat est le même semble mince, mais elle existe tout de même. Les kamikazes japonais de la Deuxième Guerre mondiale, les terroristes religieux fanatiques, les bonzes qui se sont immolés par le feu durant la guerre du Viêt-Nam ou les martyrs chrétiens connaissaient tous le sort qui les attendait. À partir de cette définition objective, nous pouvons désormais mieux comprendre les différents types de suicide, dont le premier était le suicide égoïste.

Le second, le **suicide altruiste**, est peu connu car il symbolise l'héroïsme et le renoncement. Durkheim utilise ce qualificatif qui signifie un intérêt manifesté envers les autres qui va parfois jusqu'à l'oubli de soi car il est l'excès contraire de l'égoïsme. Or, Durkheim démontre justement que l'altruisme, poussé à l'extrême, conduit les individus à faire peu de cas de leur propre vie. Le suicide se rencontrait fréquemment dans des peuples et peuplades du passé. Il pouvait revêtir diverses formes, obligatoires dans certaines sociétés : à la mort du chef ou du maître, pour ses serviteurs ou même sa conjointe. Ce type de suicide pouvait également être facultatif mais hautement estimé chez d'autres populations. Il représentait un signe vertueux de renoncement à la vie, pour une personne rendue à un certain âge, ou enfin aigu tel chez certains mystiques qui vont au-devant de la mort car ils croient être l'incarnation de quelque chose ou d'une autre personne. Il est donc concevable que quelqu'un mette fin à ses jours par manque d'individualisme : le « moi » ne prend pas suffisamment de place, contrairement au suicide égoïste. La société assimile l'individu, le réduit à une chose.

Ce type de suicide est toujours présent dans certains milieux, comme c'est le cas pour l'armée. Le taux de suicide dans les forces militaires de différents pays européens est partout supérieur à celui de la population civile, constate le sociologue. Afin de démontrer qu'il s'agit bien d'un taux de suicide de type altruiste, Durkheim observe les caractéristiques particulières des victimes afin de prouver qu'elles ne sont pas motivées par le rejet ni le dégoût du service militaire. Étonnamment, les statistiques signalent que ce ne sont pas les recrues qui succombent, mais bien des volontaires gradés parfaitement adaptés faisant souvent partie des corps d'élite. C'est que l'armée inculque à ses troupes un esprit militaire axé sur la perte de l'individualité. L'armée finit par exercer une telle emprise sur les individus qu'ils en oublient tout sentiment de valeur personnelle. C'est ainsi que des militaires se donnent la mort pour des raisons qui semblent, à première vue, futiles ou peu justifiées, comme suite à une rixe, un conflit marital ou simplement parfois par imitation. Dans des organisations moins rigides mais inspirées du même esprit, comme les corps policiers, on dénote aussi un taux de suicide plus élevé. Ainsi dit, une société, par la forte dépersonnalisation qu'elle développe chez ses membres, peut inciter ces derniers à déplacer le principe de leur vie à l'extérieur d'eux-mêmes et ainsi accepter facilement de s'en départir. Bref, le suicide fait autant partie d'une société qui intègre trop fortement ses membres, d'où le suicide altruiste, que celle qui n'intègre pas assez ses membres, d'où le suicide égoïste.

La menace d'une société désorganisée

Il existe encore un autre facteur de l'augmentation du taux de suicide qui relève du manque d'intégration des individus. Selon Durkheim, c'est l'état de déséquilibre causé par une société qui néglige l'adéquation à effectuer entre les besoins de ses membres et les moyens pour les satisfaire. Des limites doivent être imposées aux individus car leurs besoins sont illimités et la quête impossible qui en résulte les pousse parfois au désespoir. Les citoyens ne peuvent s'imposer eux-mêmes des limites, ni mettre un frein à leurs passions. C'est la société qui doit jouer ce rôle modérateur, soit à travers l'État ou à travers une organisation ayant un ascendant moral sur les individus. Durkheim croit qu'il faut une puissance extérieure pour régulariser et stabiliser l'équilibre social.

Ainsi, une société qui ne parvient pas à réfréner les désirs insatiables de ses membres, qui ne circonscrit pas leurs besoins, favorise le suicide. Il désigne ce type de suicide par un terme encore de rigueur en sciences sociales, il s'agit du **suicide anomique**. L'anomie reflète justement une société désorganisée dans laquelle l'individu ne se voit pas imposer des règles pour freiner ses passions. Durkheim observe que principalement deux sphères d'activités correspondent à cette description : l'économie et le mariage.

Depuis la fin du 18e siècle, grâce à l'industrialisation et à la montée du capitalisme, le monde moderne s'est tranquillement affranchi de toute réglementation. Ainsi que l'exprime Durkheim :

> [...] l'industrie, au lieu de continuer à être regardée comme un moyen en vue d'une fin qui la dépasse, est devenue la fin suprême des individus et des sociétés. [...] Mais mainte-

> nant qu'il (le producteur de biens) peut presque prétendre à
> avoir pour client le monde entier, comment, devant ces
> perspectives sans bornes, les passions accepteraient-elles
> encore qu'on les bornât comme autrefois[5]?

La sphère économique lui apparaît ainsi, plus que tout autre domaine d'activités, dans un état permanent de crise ou d'anomie. Les fluctuations subites de l'économie, à la baisse comme à la hausse, ont un impact notable sur l'augmentation du taux de suicides, surtout au niveau des professions liées au monde industriel et commercial. Les activités économiques déchaînent des passions foudroyantes difficiles à contrôler, des déceptions terribles qui surviennent lors de krachs économiques et de faillites. Une autre sphère a elle aussi connu une déréglementation importante à son époque en Europe et atteindra l'Amérique dans la seconde moitié du 20e siècle, il s'agit du mariage.

Autrefois, le mariage était parfaitement régi et contrôlé étroitement tant par la société que par les institutions religieuses. Cette réglementation assurait la stabilité, contenait ainsi les passions des individus, qui se satisfaisaient des moyens limités et reconnus mis à leur disposition. Mais le divorce est devenu de plus en plus courant, ce qui a affaibli la réglementation du mariage; l'effet stabilisateur sur les désirs des individus a peu à peu disparu. Durkheim constate que, dans les pays où le divorce n'est pas permis, le taux de suicides des personnes mariées est beaucoup moindre que celui des célibataires. Cette situation n'existe plus, par contre, dans les pays ayant accepté le droit au divorce et la libéralisation des mœurs. Les bornes insuffisantes fixées par la société laissent certains individus dans un état d'agitation et de mécontentement continuel pouvant conduire à la mort. On peut être dérouté au point de s'enlever la vie faute de règles pour se contenir dans la société, une autre manière d'être mal intégré, selon l'interprétation de Durkheim.

Du survol des constats de Durkheim sur le suicide, il ressort que certains de nos faits et gestes, même aussi graves que le suicide, quand ils se répandent, se multiplient, ne peuvent s'expliquer autrement qu'en nous référant à ce qui passe dans la société au même

---

5. DURKHEIM, Émile. *op. cit.*, p. 284.

moment. « [...] un fait social ne peut être expliqué que par un autre fait social [...][6] », précise-t-il dans *Les Règles de la méthode sociologique*. Dans ce cas-ci, le phénomène social du taux de suicide et ses variations ne sont dus qu'à d'autres phénomènes sociaux, comme le degré d'intégration des individus à leur société et la force de la réglementation de cette même société. Cet état des sociétés se répercute directement sur les individus.

> Le suicide égoïste, résume l'auteur, vient de ce que les hommes n'aperçoivent plus de raison d'être à la vie; le suicide altruiste de ce que cette raison leur paraît être en dehors de la vie elle-même; la troisième sorte de suicide [...] de ce que leur activité est déréglée et de ce qu'ils en souffrent[7].

Une intégration sociale idéale

Durkheim était préoccupé par le taux croissant de suicides en Europe à son époque. Il espérait, en étudiant ce phénomène scientifiquement, y apporter des solutions. Son message vise un renforcement des groupes entourant l'individu. Cependant, la famille ne peut plus être resserrée vu que le noyau se réduit de plus en plus. Il en est de même pour les groupes religieux qui ne le feraient qu'au détriment de la liberté de pensée de ses membres. Quant au politique, il est trop loin de l'individu pour l'encadrer davantage et de façon continue. Dans son écrit, *Le Suicide*, Durkheim propose une solution. Il publie cela en 1897, que le groupe à privilégier pour intégrer l'individu de façon harmonieuse réside dans le groupe professionnel. Tous les métiers et professions pourraient former des sociétés regroupant ainsi la grande majorité des gens pendant une partie importante de leur vie. Ces regroupements, reconnus par la loi, assisteraient et permettraient de développer une solidarité entre les membres. On préviendrait ainsi la tendance égoïste ou la déconnexion sociale. Les pouvoirs de réglementation que le public reconnaîtrait à ces groupements pourraient réduire l'anomie sociale liée

---

6. DURKHEIM, Émile. *Les Règles de la méthode sociologique*, 16ᵉ édition, Paris, P.U.F., 1967 (1897), p. 143.

7. DURKHEIM, Émile. *Le Suicide*, Paris, P.U.F., 1967 (1897), 2ᵉ édition, p. 288.

au manque de freins à nos désirs. Depuis cette époque, cette solution n'a pas été appliquée telle quelle, mais le développement des organisations syndicales et des corporations professionnelles, notamment, a sans doute créé pour un certain nombre non négligeable de citoyens, ces lieux propices à l'éclosion des vertus contraires aux tendances suicidaires : un penchant pour un certain individualisme, complété d'une capacité de partage avec les autres et d'un goût de liberté compatible avec les règles communes à respecter.

DÉFINITIONS DURKHEIMIENNES

SUICIDE
Tout cas de mort qui résulte directement ou indirectement d'un acte positif ou négatif, accompli par la victime elle-même et qu'elle savait devoir produire ce résultat.

SUICIDE ÉGOÏSTE
Type de suicide lié à l'affaiblissement du lien social, au manque d'encadrement des individus.

SUICIDE ALTRUISTE
Type de suicide lié à un trop fort encadrement, à une perte d'identité personnelle.

SUICIDE ANOMIQUE
Type de suicide lié à une société ne réglementant plus les désirs de chacun.

INTÉGRATION SOCIALE
État ou processus de cohésion au sein d'un groupe ou d'une société.

Plus de 100 ans après avoir écrit *Le Suicide*, les facteurs sociaux que Durkheim met de l'avant pour expliquer le taux de suicide sont encore valables dans l'ensemble. Les spécialistes actuels se penchent encore sur le milieu social, et ils y trouvent toujours de nombreux facteurs reliés au suicide. Par exemple, quand une région montre une certaine cohésion, un sentiment d'appartenance chez ses habitants, ces derniers seront plus protégés que d'autres contre un élan vers le suicide. La famille, même si ses valeurs ont changé et que la vie familiale diffère largement de celle d'il y a un siècle, continue à avoir une influence heureuse. Quoiqu'il n'y ait pas encore de statistiques qui démontrent la validité de l'assertion de Durkheim, comme quoi plus une famille est nombreuse moins ses membres auront des tendances pour le suicide, nous ne pouvons qu'être troublés par la constatation que la baisse rapide et importante du taux de natalité, au Québec par exemple, s'est accompagnée d'une augmentation graduelle du taux de suicide. De plus, le Québec connaît depuis la deuxième moitié du 20e siècle un certain relâchement des institutions qui encadraient autrefois la vie des gens (ex. : l'Église perd son influence, la vie de quartier et le voisinage sont pratiquement inexistants) qui coïncide malheureusement avec l'augmentation du taux de suicide.

Si les calculs et les analyses de Durkheim sont corrects, les périodes de crises économiques qui ont eu lieu au Québec au début des années 1980 puis dans les années 1990 auraient dû être accompagnées d'une augmentation des suicides. C'est exactement ce qui s'est produit. Un sociologue contemporain voit quant à lui d'autres phénomènes sociaux déstabilisants reliés à l'économie. Il entrevoit que la saturation du marché du travail stimule le désespoir chez les jeunes, qui sont d'autant plus vulnérables : « Et l'enthousiasme est nécessaire à celles et ceux qui commencent à peine leur route[8] », explique LAURENT LAPLANTE, dans son livre *Le Suicide.*

Pour bien comprendre les variations des taux de suicide selon Durkheim, il faut s'imaginer la société comme n'importe quel autre phénomène de l'univers. Des forces se croisent qui produisent tantôt un courant d'altruisme parce que les groupes d'appartenance réduisent la vie à peu de choses, tantôt un courant d'anomie parce que la société ne peut réfréner leurs désirs. Pour Durkheim, il ne s'agit pas d'une métaphore, la société est réellement électrisée par ces divers courants, l'égoïsme entraînant la « mélancolie langoureuse », l'altruisme le « renoncement actif » et l'anomie la « lassitude exaspérée ». Durkheim croyait même à l'époque que la société pouvait

---

8. LAPLANTE, Laurent. *Le Suicide,* Québec, Institut québécois de recherche sur la culture, 1985, p. 120.

exister indépendamment des individus, tout en exerçant sur eux une force directe. Ce pionnier de la sociologie a, pour le moins, ainsi démontré que toute science révèle des phénomènes insoupçonnés. Aujourd'hui, nous pouvons nous questionner à savoir si nous sommes trop déconnectés les uns des autres ou si nous sentons plutôt que la société s'ingère et s'immisce dans les liens entre les individus. En étudiant rationnellement une question aussi troublante que le suicide, Durkheim a réussi à éclairer certains de nos comportements, qui ne sont que l'écho d'un ensemble de facteurs sur lesquels il y a sans doute lieu d'agir.

QUESTIONS SUR LE CHAPITRE 1

Question 1
La perspective sociologique, telle qu'elle apparaît dans la célèbre étude du sociologue français ÉMILE DURKHEIM sur le suicide, permet de voir que ce phénomène est plus qu'un problème personnel. Qu'est-ce qu'ont à y voir, à ce propos,

➡ les églises ?

➡ la famille ?

➡ le politique ?

Question 2
Que signifient, selon les appellations de Durkheim, les suicides

➡ égoïste ?

➡ altruiste ?

➡ anomique ?

Quel rapport a chacun de ces trois types de suicide avec le concept d'intégration sociale du même auteur ?

CHAPITRE 2

L'EMPREINTE DE NOTRE GÉNÉRATION

L'étude du contexte social des individus

Nous nous sommes tous déjà demandé si nous ressemblions à d'autres de nos concitoyens appartenant à la même **génération**. Si nous frôlons la vingtaine, cette question ne nous a probablement pas effleurés puisque nous ne faisons que commencer à découvrir le monde. Nous développons pourtant des traits communs avec tous ceux de notre âge, car nous sommes plongés ensemble dans une réalité sociale particulière. Conséquemment, nous nous distinguons des générations précédentes et des suivantes. L'étude des générations et ce qui les caractérise a subi un regain d'intérêt depuis une dizaine d'années, notamment en France et aux États-Unis. La place prépondérante qu'occupent dans la société les adultes issus du baby-boom des années 1940 et 1950 n'est pas étrangère à cette préoccupation. Mais qu'est-ce qu'une génération au juste ?

KARL MANNHEIM
(1893-1947)

Le premier sociologue qui a donné un sens plus précis au terme génération se nomme KARL MANNHEIM (1893-1947). D'origine hongroise, il a dû s'exiler en Allemagne, puis en Angleterre. Son livre, intitulé *Le Problème des générations*, a été écrit en allemand en 1928 et traduit en français en 1990. Mannheim a apporté un sens sociologique au terme génération en le distinguant bien de l'aspect biologique des âges de la vie. Car, appartenir à une même génération, selon ce sociologue, implique un **lien social**. Ce lien social est caractérisé par la tranche d'histoire commune que les individus ont vécue. Enfin, une génération est souvent définie à partir d'un événement majeur qui la situe par rapport aux autres générations comme, par exemple, la génération de la Crise (la dépression économique de 1929-1939) ou de la guerre (la Deuxième Guerre mondiale de 1939 à 1945).

Que s'est-il produit lors de vos 17 ans ?

Tous ceux qui ont vécu le krach de 1929 et ses suites peuvent-ils affirmer qu'ils appartiennent à la même génération ? Non, car même si la crise affectait la majorité des gens, plus d'une génération se côtoyait, comme c'est le cas pour toutes les époques. Alors pourquoi associer cette crise à une génération plus particulière ? Pour répondre à cette question, Mannheim introduit la notion de « stratification de l'expérience ». Il explique que la couche de base est constituée de ce qui s'imprègne profondément au moment de la jeunesse, et sur laquelle se superposent les expériences ultérieures qui n'ont pas le même poids, et qui ne laissent pas la même empreinte sur nous. C'est pour cela qu'une génération peut être identifiée à un événement particulier qui s'est produit au moment de sa jeunesse.

Ceux qui ont vécu les mêmes premières expériences sociales à une époque donnée dans une société font partie de la même génération. Selon l'expression de Mannheim, ces expériences de jeunesse ont plus tendance à figer et à créer chez les participants une « image naturelle du monde » selon laquelle les expériences suivantes s'orientent. Plus précisément, il établit autour de *17 ans* le moment où nous ressentons plus fortement que nous appartenons à une époque et à une société particulières. Ceux qui vivent cette expérience en même temps sont de la même génération. Au 20ᵉ siècle, les arts et la musique, plus particulièrement, ont reflété cette prise de conscience par rapport aux générations.

L'âge n'est donc pas un critère concluant pour circonscrire une même génération. Il faut surtout avoir vécu des événements et des expériences communes durant notre jeunesse. C'est cela qui crée le lien social indispensable. Mannheim a constaté, par exemple, que si nous vivons isolés des grands centres ou dans des pays différents, nous ne faisons pas partie automatiquement du même « ensemble générationnel ». Cependant, si nous sommes témoins de bouleversements sociaux qui nous touchent tous à un même moment, même si nous étions éloignés précédemment, nous en serons imprégnés pareillement. Si Internet s'avère un événement décisif, nous pourrons éventuellement décrire la jeunesse actuelle de génération Internet. D'autres événements importants dans notre société actuelle pourraient aussi être la chute du mur de Berlin, le référendum québécois de 1995 ou encore les attentats du 11 septembre 2001 aux États-Unis. La mondialisation de l'économie, l'extension des médias et l'embryon de politiques supranationales, qui surgissent en ce début de millénaire regrouperont peut-être un jour une même génération et engloberont des gens de divers endroits du monde qui se reconnaîtront grâce à ces expériences vécues en commun.

© YAROSLAVA MILLS

CHARLES WRIGHT
MILLS (1917-1961)

Au-delà de la référence commune à un même événement, nous pouvons nous questionner quant à la nature de telle génération et ce qui la distingue des autres générations qu'elle côtoie. Autrement dit, quelle est la conséquence d'avoir vécu les mêmes événements aux mêmes âges ? Un constat sociologique propose que c'est dans les façons d'être et d'agir communes que les conséquences sont les plus visibles. Nous pensons et nous nous comportons, souvent inconsciemment, selon un éventail limité de possibilités qui ont surgi suite à la situation vécue par sa génération. Par exemple, en Amérique du Nord, les jeunes hommes de la génération de la crise de 1929-1939 aspiraient simplement à trouver un emploi régulier, rien de plus. Les projets de mariage et d'enfants étaient remis à plus tard. Or, la génération suivante, celle de la guerre de 1939 et des années qui ont suivi, ont connu l'abondance au niveau des emplois, et n'ont pas hésité, très tôt, à convoler en justes noces et à faire des enfants. C'est du mariage différé des premiers et hâtif des seconds qu'est apparue l'origine du phénomène du baby-boom et de l'explosion des naissances.

Nous faisons partie de l'histoire

Afin de mieux cerner notre appartenance à la société et aux événements qui s'y déroulent, un sociologue états-unien a fait une réflexion importante sur le sujet. CHARLES WRIGHT MILLS (1917-1961) précise, au premier chapitre de son best-seller, *L'Imagination sociologique,* qu'on ne peut vraiment comprendre son expérience de vie et son avenir sans se référer à son époque et aux gens qui ont partagé le même **contexte social**. Pour y arriver, on doit s'intéresser à la nature des diverses institutions de sa société, à l'évolution de leurs relations et aux types d'hommes et de femmes qu'elles engendrent.

Le contexte social dans lequel nous vivons englobe les institutions qui nous entourent au-delà de la famille, des amis, des voisins. Une **institution** dans une société est régie par une loi ou une coutume. Il existe plusieurs types d'institutions : les institutions économiques comprennent les entreprises de biens et services, les institutions politiques se réfèrent aux gouvernements de tous les niveaux, les institutions sociales regroupent des organisations comme les médias, les églises, les organismes divers relevant des domaines des arts ou du sport, etc.

La perspective de Mills explore un des fondements de la sociologie. La biographie d'une personne ne peut s'écrire sans référence au contexte social. On doit être au courant de l'histoire de sa société. Ce propos confirme ma réflexion sur la nécessité d'avoir des points de repère dans la société pour situer notre génération, qui nous lègue une part de ce que nous sommes.

L'exemple suivant devrait vous permettre de saisir ce lien que fait Mills entre l'histoire de la société ou le contexte social et notre vie personnelle ou notre biographie. Supposons qu'une personne perde son emploi. Mills qualifie cet événement comme étant une **épreuve** (*trouble* en anglais). Cette affaire privée menace cet individu personnellement et dans ses relations avec les autres. Cette valeur qui lui est chère pour sa réalisation personnelle, le travail, ne peut plus être actualisée. Il se sent en péril comme lorsqu'une personne subit des échecs scolaires répétés ou est contrainte de divorcer, par exemple.

Jusque-là, perdre son emploi est un problème strictement personnel qui trouvera sa solution, espère-t-on, en examinant la situation particulière de cet individu en chômage. Ce n'est peut-être qu'une question de quelques semaines avant de dénicher un autre emploi, le temps d'examiner les offres et de se rendre à des interviews, ou encore il peut simplement confier sa demande à une agence de placement. Avant peu, il sera ainsi jumelé avec une entreprise qui nécessite ses compétences particulières. Il peut aussi se recycler et ensuite se replacer aisément. Dans une situation idéale, les épreuves des individus pourraient ainsi se régler, cas par cas, et demeurer d'ordre personnel ou privé.

Cependant, quand le taux de chômage dans une ville dépasse 10 %, ou lorsqu'il monte à 20 % ou plus dans un quartier ou une région, ou qu'un groupe ethnique est davantage affecté, les problèmes reliés à la recherche d'emploi ne sont plus seulement d'ordre individuel. Mills précise qu'on est alors confronté à un **enjeu** (*issue* en anglais), c'est-à-dire qu'une affaire publique menace un ensemble d'individus à travers les grandes institutions de leur société. À ce moment, les gens d'une société ressentent alors que certaines valeurs et certaines façons de faire sont menacées, comme cela se produit lors d'une guerre, d'un cataclysme ou lorsqu'une société n'offre aucune finalité commune à partager entre ses membres. Le problème devient ainsi collectif, et il faut interroger les institutions qui nous régissent pour en cerner l'origine, en l'occurrence pourquoi il existe peu de débouchés sur le marché du travail et les solutions pour y remédier.

En étant conscients des épreuves émergeant dans une société et que l'ampleur de ces dernières les propulse hors du domaine privé, nous découvrons alors qu'une société est traversée d'enjeux qu'il faut résoudre pour notre propre bien-être personnel et celui de nos semblables. Il est nécessaire de ne pas chercher à évaluer les problèmes en termes strictement individuels, personnels ou privés si nous voulons que la société évolue et que les problèmes généraux se résolvent. C'est sous cette perspective que j'aimerais maintenant examiner les caractéristiques de certaines générations, y compris leur lot d'épreuves et d'enjeux.

Prenons deux générations en particulier et analysons leur situation respective. Cet exercice soulignera l'origine de certaines de nos façons de faire et de penser afin de mieux nous situer parmi les générations. Cette comparaison devrait également permettre un dialogue plus franc entre générations, plutôt que de nier les enjeux entre nos groupements respectifs, ainsi que le ressentent pourtant vivement certains membres des générations suivant celle des premiers baby-boomers.

Définitions

Génération
Un groupe d'individus ayant vécu des événements et des expériences communes, durant leur jeunesse plus spécifiquement.

Lien social
Forme de relation entre l'individu, la société et les groupes qui la composent.

Contexte social
Institutions et circonstances entourant une situation donnée.

Institution
Composante concrète d'une société établie par une loi ou une coutume.

Épreuve
Problème touchant un individu et menaçant une valeur qui lui est chère.

Enjeu
Problème, lié au contexte social, touchant un grand nombre d'individus.

Pour établir un lien entre épreuves et enjeux (Mills) ou démontrer le rapport entre la perception qu'une génération a d'elle-même ainsi que les conditions sociales et historiques qui ont engendré cette image (Mannheim), encore faut-il saisir le contexte social et la mentalité des jeunes de cette époque. Tout historien affirmerait qu'un certain recul dans le temps rendrait la tâche plus facile. C'est pourquoi nous avons choisi de décrire la génération et le contexte social après la Deuxième Guerre mondiale, puisqu'un demi-siècle s'est écoulé depuis. Bien que sous une perspective historique, cette génération soit récente, des études commencent déjà à être publiées. Pour ce qui est des jeunes qui sont actuellement âgés de 17 ans, ils s'imprègnent d'un contexte social qui léguera à leur génération certains traits particuliers. Ils peuvent donc difficilement apparaître dès maintenant sous leur jour définitif.

Voici l'essentiel de mon propos. Pour mieux se connaître, il faut comprendre que certains traits sont le propre de notre génération. Nous prendrons pour exemple mes propres expériences de jeunesse, en n'oubliant pas, bien sûr, que le contexte social de l'époque était sans doute nettement différent de celui des années 1980 et 1990. Je tenterai, selon le portrait de ma génération, de souligner le contexte social de l'époque afin de prouver qu'il se distingue de celui d'aujourd'hui. De cette façon, j'esquisserai timidement, en comparant les contextes, certains traits que nous attribuerions plutôt à ceux de la jeune génération au tournant du 21ᵉ siècle. À vous ensuite, la jeunesse actuelle, de compléter ou de corriger selon ce que vous ressentez plus vivement comme étant des enjeux actuels de société et qui semblent avoir des incidences sur votre génération. Notez que je crois à l'importance de construire des ponts entre les générations, mais ceux-ci ne peuvent s'établir sans connaissances préalables du chemin que chacun a parcouru.

© LUDOVIC FREMAUX

FRANÇOIS RICARD
(1947-)

L'innocence des baby-boomers, première cuvée

Pour éviter toute ambiguïté, quand je citerai ma génération, je me référerai pour l'essentiel à l'essai de FRANÇOIS RICARD (1947-), *La Génération lyrique*, qui qualifie déjà ma génération. *Grosso modo*, cette génération est née entre les années 1942 (soit vers la fin de la Deuxième Guerre mondiale et le début du baby-boom) et 1952 (dernière année délimitant ceux et celles âgés de 17 ou 18 ans dans les années 1960). Il s'agit des premiers-nés du baby-boom, tel que souligné par le sous-titre de son livre, marquant la remontée spectaculaire des naissances qui se terminera autour de 1960. Ce baby-boom a touché particulièrement certains pays, soit le Canada, les États-Unis, l'Australie et la Nouvelle-Zélande. Ricard qualifie ma génération, qui est aussi la sienne, du terme « lyrisme » emprunté à la littérature, son domaine de formation et de prédilection, bien que son ouvrage relève aussi de la sociologie et autres disciplines des sciences humaines. Le mot lyrique suggère qu'il s'agit d'une génération innocente, dans le sens qu'elle a eu l'impression de faire naître le monde comme si le passé n'avait pas existé ou avait eu peu d'importance, et que l'avenir ne pouvait qu'être radieux à l'image de leur sentiment de toute-puissance. Examinons quelques aspects plus précis et détaillés de cette image naturelle du monde, dirait Mannheim.

L'un des traits marquants de cette génération, c'est la conviction qu'avaient les individus comme quoi le changement allait de soi. Ceci se caractérisait pour eux par un *sentiment de légèreté face au monde*, ainsi que l'exprime Ricard. Dans les années 1960, en effet, les gens accordaient de l'importance à la nouveauté. Tout ce qui naissait était bon et tout ce qui était ancien, dépassé. Ils recherchaient cette nouveauté partout et les médias, la télévision en particulier, étaient continuellement à l'affût des nouvelles tendances dans tous les domaines. Il faut comprendre que le contexte social dans lequel baignait cette génération depuis sa naissance y était pour quelque chose. Les années 1942-1952 avaient été prospères et la croissance économique s'est poursuivie jusqu'aux alentours de 1975. C'était une époque de bouleversements pour les entreprises (concentration, automatisation, production de masse), pour les particuliers (niveau de vie plus élevé, consommation accrue), pour les institutions politiques (mise en place des sociétés d'État comme Hydro-Québec, l'État intervient dans de nombreuses institutions et dans la marche de l'économie) et pour les institutions sociales (réformes en éducation, en santé et dans les services sociaux). Cette génération a la nette impression que tout se modifie et que la société est en continuelle effervescence.

Un deuxième trait important à relever par rapport à cette génération réside dans le sentiment partagé par tous que tout était possible, qu'il ne s'agissait que de vouloir et les choses arriveraient. Un *sentiment de toute-puissance* régnait parmi les étudiants, qui croyaient qu'en écrivant « Pouvoir étudiant » sur une pancarte, ils l'obtiendraient effectivement. Ce sentiment de supériorité était relié surtout à la force du nombre. De fait, la moitié de la population au Québec dans les années 1960 avait moins de 20 ans, alors que les jeunes ne représentent plus que le quart de la population en ce 3e millénaire. Cette présence considérable accordait aux jeunes une visibilité et une écoute certaines. Plusieurs prolongeaient leur jeunesse et poursuivaient leurs études au-delà du secondaire ou du collégial, grâce aux mesures gouvernementales visant à augmenter l'accès aux études supérieures (prêts-bourses, incitations à persister, augmentation des places disponibles par la construction d'écoles, etc.).

Un autre facteur non négligeable de cette confiance en leur influence par les membres de la génération lyrique repose dans la faible résistance des générations précédentes. Les parents désiraient léguer à leurs enfants un monde meilleur que celui qu'ils avaient connu dans leur jeunesse : des privations à cause de la crise économique des années 1930, une anxiété croissante causée par la guerre qui sévissait au début des années 1940. Enfin, la plupart des parents disaient ne pas avoir eu de jeunesse, obligés, très tôt, à contribuer à la survie de leur famille, en travaillant aux champs ou à l'usine. Mais les emplois étant rares et irréguliers, ils ne réussissaient pas toujours à se réaliser comme ils l'auraient souhaité. Dans ce sens, ils enviaient leurs enfants et cherchaient même à revivre une partie de leur jeunesse écourtée en manifestant pour eux des ambitions considérables. À un jeune travaillant l'été pour payer ses études, les ouvriers plus âgés disaient avec sincérité : « tu fais bien de poursuivre tes études », lui signifiant ainsi qu'il connaîtrait de meilleures conditions de vie qu'eux. La génération lyrique n'a eu aucune difficulté à surpasser le niveau d'instruction de la précédente, d'autant plus qu'avant les années 1960 au Québec, un adulte sur deux n'avait pas terminé ses études primaires. L'encouragement reçu des parents produisait, malheureusement, un écart de plus en plus grand entre les deux générations. Aux yeux des jeunes, la génération de leurs parents était dépassée par la rapidité des changements en cours, ce qui multipliait les confrontations : les parents ne résistaient pas longtemps aux demandes, même dans un domaine qu'ils considéraient comme fondamental, ce qui explique l'abandon massif des pratiques religieuses des jeunes.

Ricard note judicieusement un autre aspect du contexte social des années 1960 qui projetait à l'avant-scène cette jeunesse bruyante et sûre d'elle-même, c'était l'ouverture d'esprit et la collaboration qu'elle recevait des nouveaux politiciens qui arrivaient au pouvoir. Ceux-ci provenaient de la génération des enfants nés durant la Crise, génération coincée entre celle des baby-boomers et de leurs parents. Les naissances avaient été peu nombreuses pendant la Crise, puis la société, au Québec en particulier, était dominée en 1950 par des élites conservatrices accrochées à une image d'un monde révolu, religieux et agricole. Ceux qui prônaient des changements rongeaient leur frein. C'est donc avec soulagement et emballement qu'au début des années 1960, ces enfants de la Crise, maintenant dans la trentaine pour plusieurs, prenaient les rênes du pouvoir. Mais leur faible nombre exigeait l'appui des autres générations. C'est ainsi qu'ils ont su proposer des réformes ralliant la génération lyrique dont le nombre, l'énergie et la vigueur en faisaient un allié de premier ordre.

Je me rappelle, par exemple, ma première participation à une manifestation, au début des années 1960, pour appuyer notre gouvernement provincial dans ses demandes d'octrois ou de points d'impôts au gouvernement fédéral. Un second exemple de l'intérêt des politiciens pour les jeunes relate une expérience que j'ai vécue à titre de journaliste étudiant. À quelques heures d'avis, j'avais réussi à obtenir une entrevue avec le ministre le plus en vue du gouvernement provincial d'alors, René Lévesque. Non seulement nous avait-il reçus avec égards, un collègue et moi, mais il avait même lu et commenté de façon élogieuse, le dernier document de la Presse Étudiante Nationale, notre regroupement de journaux étudiants. Cet écrit prônait la souveraineté du Québec, laquelle il fit ensuite lui-même la promotion et la base du parti politique qu'il fonda en 1970, le Parti québécois.

Pour fins de comparaison, une complicité entre la jeune génération des années 1980 et 1990 et les politiciens, dont les mesures austères restreignaient les possibilités d'embauche pour les jeunes dans plusieurs domaines, était presque impensable jusqu'à tout récemment. Cette génération semble plutôt faire preuve de réalisme (d'autres diraient de renoncement ou de pessimisme), face au peu de pouvoir décisif qui leur est accordé dans les décisions politiques et économiques que prennent les gouvernements et les grandes entreprises. À ce propos, mes étudiants étaient stupéfaits dans le passé, lors d'interviews individuels avec un membre de la génération lyrique, de constater que 80 % des membres de la génération lyrique répondent que, dans les années 1960, ils étaient optimistes quant à leur avenir sur le marché du travail. La génération des années 1980 et 1990 n'a guère eu, quant à elle, d'illusions.

L'*optimisme* est un troisième trait saillant de la génération lyrique. Dans les années 1960, le taux de chômage était au plus bas (autour de 4 %), l'État créait des ministères de toutes sortes, participait à l'essor économique en finançant de grands projets (dont les barrages hydroélectriques, le métro de Montréal, l'exposition universelle de 1967), sans oublier qu'il instaurait des réformes de toutes sortes pour contrôler l'économie, former la jeunesse, protéger la vie présente et future de ses citoyens. Une anecdote vous plongera dans cet esprit dans lequel nous baignions. Lors d'un de mes cours, au début des années 1960, un professeur arrive en classe un matin et nous déclare (je ne me souviens plus à propos de quel événement, mais voici ce que j'ai retenu) que les crises économiques, c'est fini. En effet, un économiste britannique avait expliqué le fonctionnement des crises économiques et on pouvait maintenant les enrayer définitivement. Mettez-vous à notre place : on entrevoyait l'avenir avec un brin d'optimisme, c'est le moins qu'on puisse dire !

Le dernier trait que soulève Ricard quant à cette première vague des baby-boomers, c'est le *narcissisme collectif* de cette génération. Les jeunes se sentent uniques, distincts, seuls au monde à être « dans le vent », selon un refrain populaire de l'époque. Les autres, c'étaient les « croulants », c'est-à-dire tous ceux et celles au-delà de 30 ans. Ils croyaient demeurer toujours beaux et jeunes. Cet engouement envers la jeunesse était contagieux et les plus vieux cherchaient à se donner des airs de jeunes. Selon Ricard, « tout le système, toute la société, s'organise dès lors en fonction de la jeunesse, en qui tend à se concentrer la puissance de dicter et d'incarner les normes, de fixer les buts et les valeurs, de justifier et d'inspirer l'action[1]. » Cette emprise d'une génération sur celles qui l'avaient précédée était assez exceptionnelle. Auparavant, le schéma de la succession des générations était tout autre. Les jeunes d'une génération donnée entraient habituellement dans la vie sociale avec confiance et enthousiasme, mais au contact des forces sociales en place, ils perdaient leur innocence face à la réalité. Ils pouvaient alors déserter ou accepter de mûrir en s'intégrant au monde des adultes, au risque de perdre leur jeunesse. C'est justement ce que semble vivre la génération suivante, contrairement à celle des baby-boomers.

Cette description d'une génération, présentée en bloc, souligne ses traits généraux. Évidemment, comme dans tout phénomène humain, tous n'y participaient pas automatiquement. L'intensité et l'implication aux faits et gestes de l'ensemble ou de l'esprit du temps pouvaient différer. Il était plus facile, par exemple, d'en faire partie ou d'être emporté par le mouvement si nous n'avions pas de responsabilités familiales, si nous étions toujours aux études, si nous avions été moins marqués par le climat conservateur des années 1950, si nous vivions dans les centres urbains, si nous provenions d'une classe sociale aisée et, enfin, si nous étions un homme (les revendications féministes prennent une ampleur sans précédent seulement dans les années 1970). Mais tous les jeunes étaient touchés d'une manière ou d'une autre, car un respect généralisé était accordé à la jeunesse, un peu comme la vieillesse avait été valorisée dans les sociétés passées. Ce gonflement de l'ego de la jeunesse a amené certains à se croire éternels, comme ce poète québécois, Claude Péloquin, qui avait inscrit, sur une murale controversée à l'époque, à l'ouverture du Grand Théâtre de Québec : « Vous êtes pas tannés de

---

1. RICARD, François. *La Génération lyrique. essai sur la vie et l'œuvre des premiers-nés du baby-boom*, Montréal, Boréal, 1992, p. 89.

© LUDOVIC FREMAUX

JACQUES
GRAND'MAISON
(1931-)

mourir, bande de caves?» Je ne peux pas m'empêcher de souligner l'écart entre ce lyrisme et le « No future » d'une portion de la jeunesse des années 1980 et 1990.

Au tournant du 21e siècle, force est de constater que, sauf dans le domaine technologique, le contexte social actuel n'offre pas une telle flexibilité à la jeunesse. Cela peut expliquer que cette génération ressent plus lourdement les institutions qui l'entourent et conçoit difficilement qu'elles puissent être modifiées. Devant une action politique ou un combat à mener, la jeune génération semble se dire : à quoi bon ? Bref, les jeunes qui prennent conscience de la société actuelle ne font pas preuve d'un enthousiasme délirant, car ils sont soucieux de s'y tailler ne serait-ce qu'une toute petite place.

La jeunesse actuelle est bien différente

À la fin des années 1980 et au début des années 1990, une équipe de recherche a approfondi le rapport entre les générations. Leur recherche-action, à visée pastorale, a été effectuée auprès de 500 personnes à travers le Québec, une partie de l'Ontario et des provinces de l'est du Canada; ils ont procédé principalement par récits de vie et entrevues de groupe sur une période de sept ans. Cette recherche, dirigée notamment par le sociologue et théologien JACQUES GRAND'MAISON (1931-), a donné lieu à cinq rapports dont la synthèse a paru sous le titre *Le Défi des générations*. L'un des constats de cette étude est le suivant : « La situation actuelle des jeunes est fort différente de celle des années 1960. Les jeunes souhaitaient alors changer le monde, croyaient que tout était possible. Aujourd'hui, nous nous trouvons dans un contexte de blocage (futur, emploi, sida, environnement), sauf pour l'innovation technologique[2]. » Plus loin, il est mentionné que les jeunes d'alors ne faisaient pas de choix douloureux car la prospérité leur assurait les services demandés. Or, dans tous les secteurs de la société, ils doivent maintenant faire des choix déchirants vu les ressources limitées.

Grand'Maison et ses collègues émettent cette hypothèse : l'absence de conflits ouverts entre les générations à l'heure actuelle ne tient pas au fait que l'harmonie règne, mais bien à la désorganisation de la jeunesse, liée à des facteurs tels leur faiblesse numérique, la gestion de la société en fonction d'individus isolés, la valeur que prend l'individualisme qui nuit à la solidarité entre les jeunes et la perte de confiance de ces derniers dans le politique et les grands projets de société. Il serait donc dangereux, concluent-ils, de ne pas agir. Ils ont constaté dans les entrevues des tensions réelles entre les générations, et les ignorer ou croire qu'elles sont dues à d'autres facteurs tels la pauvreté, alourdit le problème plutôt que le résoudre. En France, aux États-Unis, au Canada anglais et en Europe, les gens ont davantage pris conscience de cet enjeu alors, qu'au Québec, nous semblons craindre de l'exposer. L'avenir nous dira si le Sommet du Québec et de la jeunesse, tenu en février 2000, a amorcé un changement à cet égard.

Le défi de la transmission entre les générations

Selon Grand'Maison et son équipe, le défi de la transmission entre générations se pose de façon dramatique et nécessaire. Dans les sociétés passées, la génération la plus vieille transmettait ses valeurs, ses connaissances et son savoir-faire à la génération la plus jeune. La génération lyrique, frôlant la cinquantaine, semble délaisser ce rôle. La valorisation de leur propre jeunesse, qui

---

2. GRAND'MAISON, Jacques, Lise BARONI et Jean-Marc GAUTHIER (dirs.). *Le Défi des générations. Enjeux sociaux et religieux du Québec d'aujourd'hui*, Montréal, Fides (Cahiers d'études pastorales, 15), 1995, p. 114.

n'avait rien à apprendre des anciens, et leur culte de l'égalité les ont aveuglés et ils ne perçoivent pas l'importance des ponts à établir, ne serait-ce que pour transmettre leurs propres habiletés acquises. Prenons par exemple ma génération, qui a souvent eu à apprendre par elle-même. Bien que j'enseigne dans une institution collégiale où les boomers sont les plus nombreux, cela n'est pas une raison de dire aux générations qui suivent : « Débrouillez-vous tout seul comme on l'a fait ! » Nous aurions sans doute évité certaines erreurs, et pas toujours insignifiantes, si des aînés nous avaient guidés. Les contestations intergénérationnelles n'auraient pas cessé, mais ces échanges auraient permis d'innover, sans faire table rase du passé et dépenser ainsi une énergie folle à réinventer la roue. Il me semble qu'aujourd'hui les professeurs seraient encore plus en mesure de fournir un enseignement de qualité. Il n'y a donc pas de raison valable de refuser d'assumer un rôle primordial au lieu de laisser à eux-mêmes les jeunes actuels sous prétexte que nous n'avons, pour notre part, jamais eu recours aux conseils d'autrui. La collaboration permet le renouvellement, sans faire table rase du passé ni réinventer la roue.

Il serait tragique que la génération lyrique refuse son rôle de transmetteur auprès de ses enfants ou de ceux des autres. C'est comme si une partie de cette génération continuait à nier les différences réelles et constructives entre les individus sous divers rapports, conservant son utopie libertaire et égalitaire. Et pourtant, nous entendons de nos jours des critiques faciles de la part de certains membres de la génération lyrique au sujet de la génération suivante, surnommée X pour l'instant, comme si le contexte social était le même et qu'ils se projetaient encore comme la mesure de toute chose ! L'équipe de Grand'Maison est, pour sa part, à l'affût des valeurs à partager entre les générations : « Il n'y a pas, selon eux, une crise des valeurs, mais plutôt, plus précisément, une crise des valeurs communes[3]. »

Pour conclure, revenons à un constat sociologique : le contexte social grave ses premières impressions chez une génération qui

---

3. GRAND'MAISON, Jacques, Lise BARONI et Jean-Marc GAUTHIER (dirs.). *op. cit.*, p. 29.

découvre le monde à la vingtaine, ce qui concourt à donner des traits communs à la même génération. Les enjeux du moment s'insinuent subrepticement dans une vision d'eux-mêmes et du monde qui les entoure. C'est ainsi que nous pouvons relever certaines expressions propres à une génération, telles que : « moi, j'aime le changement », « je me sentirai toujours jeune en dedans », « j'ai une nature optimiste », « pour moi, il n'y a que la passion qui compte », ou encore « je suis l'ami de mes enfants ». Ces expressions, en effet, dénotent bien plus l'esprit qui a marqué une génération tout entière, en l'occurrence la génération lyrique, que le fruit de témoignages isolés, de personnes qui auraient vécu sans expériences sociales communes. C'est en reconnaissant ces traits que nous pouvons bâtir des ponts entre les générations.

Questions sur le chapitre 2

Question 1
La perspective sociologique fait voir la société en nous. Prouvez-le en montrant, selon le sociologue d'origine hongroise Karl Mannheim, ce qui nous fait appartenir à telle ou telle génération.

Question 2
La perspective sociologique attire l'attention sur le fait qu'il y a un lien entre ce que nous vivons (notre biographie) et la société qui nous entoure (l'histoire). Démontrez-le en précisant le sens des notions d'épreuve et d'enjeu chez le sociologue états-unien C. Wright Mills, tout en l'appliquant au problème social du chômage.

Question 3
Parmi les *traits typiques* de la génération nommée lyrique par François Ricard, le sentiment de légèreté du monde, de toute-puissance, l'optimisme et le narcissisme collectif, choisissez-en *deux* et expliquez l'apparition de chacun par la société ou le contexte social dans lequel cette génération baignait dans les années 1960 au Québec. Autrement dit, pour chaque trait retenu, précisez au moins deux éléments du contexte social qui l'auraient engendré.

CHAPITRE 3

LA FORMATION DE NOTRE IDENTITÉ

L'étude des mécanismes et agents de socialisation

Posséder une **identité** qui nous soit propre, bien à nous, semble être l'objet d'un culte aujourd'hui. Notre identité, le fait de nous sentir et de nous percevoir en tant qu'être singulier, se développe paradoxalement grâce à la société qui nous entoure. La sociologie permet d'éclairer cet aspect fondamental de notre personnalité et nous enseigne que notre identité se forme à l'aide du milieu dans lequel nous vivons. Ainsi, la société et ses diverses composantes, ainsi que les liens que nous tissons avec les autres, font en sorte que nous possédons une identité à nulle autre pareille.

Un sociologue français, JEAN CAZENEUVE, rappelle dans un écrit intitulé *La Personne et la société* qu'il est possible de se représenter ou de se définir sous différents angles. D'une part, nous nous voyons tous pareils comme membres de l'espèce humaine, et d'autre part, nous nous percevons tous comme étant uniques et ayant un « moi » propre. Vu autrement, nous nous découvrons des affinités ou des caractéristiques semblables avec certains parce que, par exemple, nous sommes liés à une famille, nous faisons partie d'une nation, nous partageons un lieu de travail ou un champ d'études particuliers. Enfin, sociologiquement parlant, nous sommes tous « inséparables » des groupes auxquels nous nous rattachons. Notre identité s'élabore donc ancrée à ces groupes.

Nous ne sommes pas détachés de la société

La sociologie part du postulat que notre identité ne peut se développer en dehors de nos relations avec les autres. Peu importe la façon dont nous nous percevons, notre rapport aux autres détermine qui nous sommes. Nous ressemblons à certains et, plus souvent qu'autrement, nous nous différencions des autres. En étudiant les groupes auxquels nous sommes rattachés en société, la sociologie nous donne l'occasion de nous redécouvrir sous des angles inédits.

La façon de se percevoir et d'être reconnu par les autres relève donc des divers groupes auxquels nous sommes liés. Il est possible d'en dénombrer trois types. Il y a les **groupes d'appartenance** que nous ne choisissons pas mais qui, pourtant, laissent une empreinte indéniable sur notre identité, car nous faisons tous partie d'un genre, d'une famille, d'une nation, d'un État ou

© Bert Nienhuis

Norbert Elias

d'une génération. Les **groupes d'élection** sont ceux que nous choisissons selon nos croyances, notre orientation sexuelle, notre profession, nos engagements sociaux et politiques. Enfin, les **groupes de référence** sont ceux auxquels nous aspirons et que nous ne rejoindrons pas nécessairement, bien qu'ils soient présents dans nos attitudes et nos gestes. C'est ainsi, par exemple, que nous pouvons reconnaître certains étudiants à leur tenue vestimentaire, qui reflète non pas leur situation actuelle mais plutôt la situation professionnelle à laquelle ils aspirent. Cette reconnaissance peut déborder dans leurs intérêts, leur prise de position politique ou sociale ainsi que d'autres traits communs à tel ou tel groupe professionnel.

Le sociologue allemand NORBERT ELIAS a insisté, par ailleurs, dans son livre *La Société des individus*, sur le fait qu'il n'y a pas d'un côté la société et ses groupes constituants et de l'autre un individu détachable et détaché de celle-ci. S'il est certain qu'il ne peut exister de société sans individus, il est tout aussi certain, même si cela n'apparaît pas toujours évident, que « l'individu est toujours et dès le départ en relation avec les autres[1] ». Que ce soit le nouveau-né qui ne peut survivre par lui-même; que ce soit la langue que nous balbutions et qui nous vient des gens qui nous entourent; que ce soient enfin les façons d'aborder les autres ou d'évoluer que nous assimilons, bref tout notre développement par rapport aux autres indique bien le caractère éminemment social de la personne humaine.

Nous vivons, pourrait-on dire en langage sociologique, d'**interactions**. C'est-à-dire que nous formons notre identité grâce aux relations que nous avons avec les autres. Écartons d'abord cette idée que l'être humain pourrait se réaliser en dehors de la société, en dehors de contacts soutenus avec nos semblables. Un nouveau-né ne survivrait pas longtemps s'il était laissé à lui-même. L'être humain, plus que l'animal, nécessite un long apprentissage avant de se débrouiller par lui-même pour sa survie. De plus, l'instinct est peu développé chez l'être humain et ne peut pallier cet apprentissage. Au contraire, c'est avec les autres et grâce à eux que nous pouvons nous découvrir en tant qu'être ayant notre propre capacité d'agir. Le cas tragique des enfants trouvés abandonnés dans la nature est assez probant à cet

---

1. ELIAS, Norbert. *La Société des individus*, Paris, Fayard, 1987 (1939), p. 64.

égard. Ces enfants sauvages, ainsi surnommés parce qu'ils avaient survécu entourés d'animaux, n'avaient pas découvert d'instinct qu'ils pouvaient se tenir debout sur deux jambes. Ils marchaient plutôt à quatre pattes et il fallut leur apprendre à se relever sur leurs jambes. Ils n'avaient pas non plus appris à parler, et s'exprimaient plutôt à l'aide de sons d'animaux. Ceci résume simplement que notre identité d'humain repose fondamentalement sur ce contact étroit que nous avons avec nos semblables depuis notre naissance.

DÉFINITIONS

IDENTITÉ
Conviction qui fait qu'on se reconnaît à la fois unique et semblable à d'autres autour de nous.

GROUPE D'APPARTENANCE
Groupe dont on fait partie par les circonstances de la naissance.

GROUPE D'ÉLECTION
Groupe dont on fait partie par choix.

GROUPE DE RÉFÉRENCE
Groupe auquel on cherche à s'identifier sans en faire partie.

INTERACTIONS
Relations interpersonnelles entraînant actions et réactions.

Nous nous formons au contact des autres

Des sociologues états-uniens ont poussé plus loin cette étude sur la formation de notre identité, qui s'élabore au contact des autres. Ainsi, CHARLES HORTON COOLEY (1864-1929) a démontré, au début du 20e siècle, que nous nous faisons une idée de nous-mêmes grâce à un **mécanisme de socialisation** qu'il qualifie de **miroir réfléchissant** (*looking-glass self*). Brièvement, cela se fait en *trois phases* :

➡ nous imaginons comment nous apparaissons aux yeux des autres à partir de remarques de toutes sortes ;

→ nous imaginons le jugement porté sur nous à partir de telles perceptions (ex. : intéressant, intelligent, gêné, étrange, etc.);

→ nous développons un sentiment personnel ou une impression de nous-même (*self-feeling*), par exemple de fierté ou de honte à partir de ce jugement imaginé. C'est comme si nous nous regardions à travers les autres tel un miroir et que nous faisions nôtre l'image réfléchie qui s'en dégage, selon notre perception.

Les autres sont, par conséquent, une source majeure de la définition de soi. Nous pouvons nous définir de façon négative, positive ou nuancée, et même nous leurrer sans trop nous en rendre compte. Par exemple, dans une famille de gens assez maigres, l'un des membres un peu plus en chair peut, par des remarques humoristiques et répétées de ses proches, en venir à croire qu'il est obèse. Cette personne sera la première surprise si, à l'occasion d'une visite chez le médecin, elle apprend qu'elle a un poids normal. Son image pourra, heureusement dans ce cas-ci, se modifier, voire renverser l'image négative que lui renvoyaient ses proches. Il en est de même pour les remarques d'un professeur ou de toute autre personne.

© University of Michigan

CHARLES HORTON
COOLEY
(1864-1929)

Un autre chercheur états-unien, GEORGE HERBERT MEAD (1863-1931), a également démontré le rôle important que jouent les autres dans la définition de soi par un mécanisme qu'il a appelé le **jeu de rôles**. Il a insisté sur l'évolution dans le temps de nos rapports avec les autres et sur le fait que notre perception se complexifie en vieillissant. Nous sommes ainsi appelés à assumer des fonctions et à nous comporter en suivant les modèles appris dans notre entourage. Voici les *trois étapes* de cette évolution par le jeu :

→ L'enfant imite les gestes de son entourage, cherche à les reproduire sans trop comprendre leur sens. Par exemple, une petite fille prend la pose de sa mère avec son sèche-cheveux jouet ou un petit garçon tente de lancer le ballon comme son père.

→ Puis survient l'étape du jeu libre (*play*), où l'enfant reproduit des rôles par observation. Par exemple, il joue à la maman ou au papa, avec forces gestes, timbre de voix et autres caractéristiques associées.

→ Enfin, entre six et huit ans, sa compréhension de l'entourage se complexifie. Il peut maintenant participer à un jeu organisé (*game*) où il comprend les rôles et les rapports de réciprocité. Par exemple, un garçon ou une fille prennent position dans un sport d'équipe. Ils saisissent ce qui est attendu d'eux (ex. : ne pas tricher, agir à tel moment, etc.) ainsi que ce qu'ils peuvent attendre des autres joueurs durant la partie.

L'enfant, à ce dernier stade, a établi un lien entre lui et les autres, a appris comment les aborder et ce qu'il peut en espérer. Bref, une petite fille, à la première étape, prend son téléphone jouet et imite la posture qu'elle a vu sa mère prendre dans cette situation. À la deuxième étape, elle joue à la mère avec les intonations de voix et les comportements attendus. À la troisième étape, elle distingue son rôle de celui de sa mère et est capable de savoir à quel moment il est préférable de lui demander quelque chose ou pas. C'est ainsi que le jeu devient plus qu'un divertissement pour l'enfant, car c'est un puissant moyen pour accéder à cette capacité de se définir grâce aux autres.

ERVING GOFFMAN (1922-1982), un sociologue états-unien d'origine canadienne, a démontré pour sa part, par un mécanisme de socialisation qu'il a nommé le **maniement des impressions**, que notre identité se forme par ce que nous voulons projeter de nous en vérifiant les impressions faites sur les autres. Nous nous ajustons, ensuite, selon la réaction favorable ou non, en recherchant bien sûr des récompenses comme l'affection, la considération ou des avantages plutôt que les punitions qui se manifestent sous forme de rejet, de privation ou de réprimandes. L'enfant discerne ainsi ce qui est accepté, condamné, encouragé, dévalorisé. Bref, il intègre les **normes**, c'est-à-dire les règles de conduite à suivre et les **valeurs,** c'est-à-dire ce vers quoi on doit tendre comme façon d'être en société.

L'enfant apprend non seulement par ce qui lui est dit, mais aussi par ce qu'il déduit des gestes, des expressions faciales ou des attitudes de son entourage; il saisit par conséquent ce qu'il importe de retenir ou ce qui est acceptable. Il pourra ensuite emprunter des *masques différents*, comme s'il était au théâtre, afin de manipuler autrui selon ses désirs. Ce maniement des impressions, c'est-à-dire ces images qu'il projette de lui aux autres, fait aussi partie de l'apprentissage social. Il saura plus tard que nous ne présentons pas la même image au travail et dans la vie privée parce que les rôles y sont différents et que la société encadre ce qui est permis de faire dans telle ou telle situation. La société a souvent été comparée à un théâtre d'improvisation où chaque acteur déclame ses propres répliques en tenant compte du rôle qu'il joue dans la pièce. Plusieurs œuvres sociologiques utilisent d'ailleurs l'expression **acteur social** pour désigner, expliquer ou comprendre les faits et gestes des individus en société. Ceci signifie que chaque individu maîtrise les gestes qu'il pose.

Enfin, une partie de notre identité est formée par le mécanisme de l'**anticipation,** c'est-à-dire en rapport avec les rôles auxquels nous aspirons. Nous intériorisons ainsi des manières d'être qui reflètent nos choix futurs ou nos aspirations. Des enquêtes menées auprès d'enfants fréquentant l'école primaire ont démontré que certains jeunes, habituellement issus de milieux modestes ou pauvres, ne peuvent envisager avoir plus tard une occupation exigeant de longues études. Ils ont déjà intériorisé un éventail de choix possibles et limités pour leur avenir. Par ailleurs, les parents qui espèrent nous voir embrasser une carrière ou une situation particulières peuvent nous influencer et nous diriger vers des activités ou des choix scolaires qui s'y rapportent. Les jouets achetés inculquent déjà aux enfants des façons de faire, de penser ou de sentir dès leur jeune âge.

DÉFINITIONS

SOCIALISATION
Processus par lequel on devient un être social, par l'ensemble des éléments de notre environnement social qu'on apprend et qu'on intériorise.

MÉCANISME DE SOCIALISATION
Moyen par lequel fonctionne le processus qui fait de nous un être social. Les quatre principaux mécanismes sont :

Miroir réfléchissant. Mécanisme de socialisation à travers lequel nous interprétons et faisons nôtre l'image que les autres nous renvoient de nous.

Jeu de rôles. Mécanisme de socialisation à travers lequel nous apprenons graduellement à nous situer dans des rôles par interactions.

Maniement des impressions. Mécanisme de socialisation à travers lequel nous présentons une image de nous se modifiant selon les situations rencontrées.

Anticipation. Mécanisme de socialisation à travers lequel nous agissons et pensons en fonction de rôles auxquels nous aspirons, à l'instar d'une répétition pour des acteurs.

NORME
Règle de conduite suivie généralement par la plupart des membres d'un groupe ou d'une société.

VALEUR
Finalité au nom de laquelle on justifie une conduite ou une norme.

Nous sommes entourés de groupes

Grâce aux différents mécanismes de socialisation ou de construction identitaire, soit le miroir réfléchissant, le jeu de rôles, le maniement des impressions et l'anticipation, vous avez pu noter la place importante de la famille dans l'entourage d'un individu. La famille constitue le premier et sans doute le plus puissant, en termes sociologiques, agent de socialisation. La socialisation, c'est le processus par lequel la société s'infiltre en nous, tout comme l'air que nous respirons : en naissant, nous ignorons tout de l'importance qu'elle aura dans notre existence. Les **agents de socialisation**, ce sont les divers groupes qui nous entourent tout au long de notre existence. Une place de premier choix revient au **groupe familial** du fait que, au quotidien, ce sont les membres de notre famille qui assurent dès notre jeune âge la continuité de notre développement. De plus, les membres de notre famille ne jouent pas simplement leur rôle à l'instar d'automates programmés, mais ils se présentent et agissent plutôt avec une charge émotive très forte. L'enfant sera d'autant plus peiné de recevoir une punition s'il sent qu'il affecte ses parents et qu'une partie de leur amour semble momentanément disparue. La place primordiale accordée à la famille relève donc de cette relation étroite que nous avons avec nos parents et dont nous ne pouvons aisément distinguer les aspects fonctionnels des aspects émotionnels.

Il est bon de rappeler que si nous avons des frères et des sœurs, ils jouent aussi un rôle certain dans notre développement, ne serait-ce que par le rang qu'ils occupent par rapport à nous, et dépendamment de notre âge. Une sœur plus âgée pourra nous servir de modèle et avec un frère plus jeune, on agira parfois comme un parent. Ces situations permettent de développer la coopération et la compétition qui seront des atouts précieux pour nos rapports futurs en société.

Un autre agent que les sociologues mettent habituellement en deuxième place quant à son impact sur la socialisation, c'est le **groupe des pairs**. Il s'agit habituellement de gens du même groupe d'âge avec qui nous sommes en contact : les compagnons de jeu du voisinage, puis ceux qui sont à l'école et ensuite au travail. Ils nous offrent notre première expérience de contact en dehors du cercle familial. Avec eux, nous vivons une situation unique d'égalité et ceci nous permet de développer, par exemple, des qualités de leadership. Nous ne pouvons les mettre en œuvre dans la famille ou à l'école car il s'y trouve déjà des figures d'autorité. À l'adolescence, le groupe d'amis est de plus en plus important et devient, d'après les enquêtes, celui avec lequel nous passons le plus clair de notre temps. Nous y forgeons là aussi notre identité en y apprenant de nouvelles façons de penser ou de faire afin d'être accepté par les autres membres. Ces derniers peuvent aussi nous soutenir dans nos démarches auprès des parents et devenir ainsi un premier appui qui servira à nous opposer à certaines de leurs décisions.

Le **groupe scolaire** est un autre agent important de socialisation. L'école débute de plus en plus tôt avec les maternelles et les pré-maternelles. Il s'agit de notre premier contact avec une institution formelle, c'est-à-dire avec un groupe qui fonctionne selon des règles impersonnelles. L'enfant apprend à respecter les mêmes consignes que les autres : ne pas parler tout le temps, se tenir droit, écouter, etc. Il est généralement initié aux règles de la vie sociale, telles que se lever à une heure fixe chaque matin et quitter la maison ainsi que se soumettre à des directives uniformes. Il accepte de n'être qu'un parmi d'autres car accaparer un adulte juste pour soi n'est plus possible. L'école prépare déjà l'enfant, et ce, bien avant les spécialisations futures, au marché du travail. Les professeurs jouent un rôle particulier dans le groupe scolaire. Ils sont le point de contact privilégié avec l'enfant et représentent la première figure d'autorité rencontrée en dehors de la maison. Ce contact ne contient pas la force émotive des proches parents. Cependant, selon certaines enquêtes, lorsqu'un professeur réussit à la fois à imposer le respect et à établir une bonne relation, il peut devenir un puissant modèle.

Les manuels scolaires véhiculent aussi des représentations du monde qui laissent des empreintes sur l'identité. Par exemple, jusqu'en 1960, les petites filles étaient toujours représentées dans des rôles passifs par rapport aux garçons dans les manuels scolaires illustrés. De même, les enfants de milieux défavorisés peuvent encore aujourd'hui se sentir isolés quand, dans les livres, il semble normal que ses parents aient une voiture ou que sa famille parte en vacances. Bien que le but des manuels scolaires ne soit pas d'imposer des modèles, il reste néanmoins que pour ces élèves qui les feuillettent, les images proposées laissent inconsciemment une trace indélébile.

La publicité, de même, véhiculée par le **groupe des médias**, au-delà de la vente explicite d'un produit déterminé, offre insidieusement tout un art de vivre axé sur la consommation, ce que les personnages et leurs propos soulignent avantageusement.

Aujourd'hui, cet agent de socialisation est pratiquement incontournable. Il se présente à nous indirectement puisqu'il ne requiert pas la présence d'êtres humains en chair et en os. Le contact se fait par l'entremise d'un support technique, un média qui communique, selon le cas, des sons, des images, des textes ou un mélange de tout cela. Les médias rejoignent la masse parce qu'ils atteignent des milliers, voire des millions de personnes par le biais de la télévision, la radio, la cassette, le disque, le texte imprimé, le cinéma, le panneau d'affichage, l'ordinateur etc. Pour comprendre la présence envahissante des moyens de communication de masse, nous n'avons qu'à nous imaginer une semaine sans eux. Les études sur l'écoute télévisée, en particulier, indiquent qu'à 18 ans, un jeune a passé plus de temps devant la télévision que n'importe où ailleurs, y compris à l'école.

Si les sociologues et autres spécialistes des sciences humaines sont d'avis que les médias imprègnent notre façon de nous percevoir et de percevoir les autres en société, les recherches demeurent incomplètes à ce sujet. Il faudrait, en effet, pouvoir suivre des jeunes pendant un certain nombre d'années, de l'enfance à l'âge adulte, en reliant par exemple leur écoute de la télévision et leurs comportements. Cela demande des ressources et des moyens considérables, sans oublier la difficulté dans toute recherche étendue dans le temps de ne pas perdre en cours de route une bonne partie de ses sujets. Or, tout récemment (2002), une première étude, réalisée par une équipe de psychologues dirigée par le Dr JEFFREY JOHNSON de l'université Colombia, est venue combler ce vide. Ils ont suivi 700 jeunes sur une période de 18 ans en les rencontrant à quatre reprises. Il en ressort que le nombre d'heures passé devant la télévision à chaque jour (moins d'une heure, d'une à trois heures ou plus de trois heures) est relié au nombre de délits commis par la suite. Plus on a regardé la télé chaque jour, plus, par la suite, on a tendance à commettre des délits. Ces résultats mettent en doute l'idée qu'il n'y aurait pas de problème face à la quantité énorme de violence présentée au petit écran. Certains prétendaient même jusqu'ici que cette violence pouvait être un bon exutoire pour certaines personnes, assouvissant ainsi, sans dommage pour les autres, leur trop-plein d'agressivité. Il était pourtant indéniable qu'on pouvait soupçonner qu'il y avait influence des médias sur les comportements, ne serait-ce que par les mouvements d'opinions que la télévision génère à certains moments, ou les modes passagères qu'elle fait adopter.

Définitions

AGENT DE SOCIALISATION
Groupe de personnes ou institution qui nous transmet des éléments de notre environnement social. Les quatre principaux agents sont :

Groupe familial. Agent de socialisation composé d'au moins deux générations liées par la consanguinité ou l'adoption, légale ou de fait.

Groupe des pairs. Agent de socialisation composé, durant l'enfance et l'adolescence, de nos amis et camarades à peu près de notre âge, puis, par la suite, de tous ceux et celles dont on se sent les égaux.

Groupe scolaire. Agent de socialisation composé du personnel de l'école fréquentée.

Groupe des médias. Agent de socialisation composé de tous les supports de transmission d'informations à grande échelle (télévision, radio, cinéma, magazines, disques, etc.).

ACTEUR SOCIAL
Individu considéré sous l'angle de sa marge de manœuvre pour agir en société.

CONTENU DE LA SOCIALISATION
Ce qui est transmis à travers les mécanismes et par l'entremise des agents.

RESOCIALISATION
Processus de socialisation tardif suite à un changement de milieu de vie.

Notre identité est multiple

Notre identité porte donc le sceau de multiples socialisations au sein desquelles nous avons baigné. L'adolescence n'en marque pas la fin. La période adulte connaîtra d'autres rebondissements. Il y a certains moments marquants de socialisation : notre premier emploi à temps plein sur le marché du travail, les interactions nouvelles qui s'ensuivent, un début de vie à deux et les ajustements réciproques à effectuer, la naissance d'un premier enfant et les nouveaux rôles à jouer. Il y a également d'autres moments intenses de remodelage de notre identité, par exemple, lors d'un divorce, d'une prise de retraite ou de tout autre événement majeur dans le cours de notre vie.

Il est question de **resocialisation** lorsqu'un adulte est amené à se relocaliser dans un pays ou un lieu différent à sa culture d'origine. Le mot **culture** évoque autant l'environnement matériel, soit les objets ayant imprégné sa vie jusque-là, que l'environnement mental, soit ses valeurs et ses façons d'être et d'agir. La preuve de l'empreinte profonde de sa socialisation première réside dans la difficulté qu'a l'immigrant à s'insérer dans sa nouvelle société, et ce, malgré tous les efforts déployés. Les recherches indiquent que dans un contexte normal d'insertion, ce ne seront que les petits-enfants de l'immigrant qui parviendront à s'intégrer complètement, tellement notre socialisation de base est bien ancrée et celle des enfants d'immigrants pris en sandwich entre deux cultures.

La construction de notre identité s'avère donc un processus dynamique qui commence dès notre jeune âge, ne s'achève jamais et est parsemé de sursauts, de crises, de redéfinitions, du moins partielles, puisque nous demeurons toujours en rapport avec les autres et que nous les influençons comme ils nous influencent à leur tour. Et notre société moderne propose à ses membres non pas une seule façon de faire ou de penser, mais offre une multitude de choix parmi lesquels nous naviguons tant bien que mal à la recherche d'une définition de soi satisfaisante. Nous pourrions ajouter que *notre identité est multiple*, vu les nombreux groupes auxquels nous sommes liés dans la société par rapport à notre sexe, notre nation, nos croyances, notre génération. Une seconde raison qui justifie que nous ayons des identités est le fait que nous sommes écartelés entre le désir d'être nous-mêmes et celui d'être acceptés dans les divers groupes auxquels nous sommes associés, ce qui implique de multiples arbitrages ou, selon certains sociologues, de multiples stratégies.

À travers ces influences diverses toutefois, la sociologie tend à suggérer que les groupes auxquels nous sommes rattachés nous fournissent un fonds commun de réactions que nous intégrons à notre identité. Ainsi que l'explique Elias, « tout individu, si différent soit-il de tous les autres, porte une marque spécifique qu'il partage avec les autres membres de sa société[2]. » Il qualifie cette empreinte d'*habitus social*, ce qui inclut la langue apprise et ses accents, notre façon de nommer le monde, l'écriture commune acquise à l'école ainsi que les comportements reçus en modèle. C'est sur cette base commune que se révèle l'originalité de chaque personne. Notre style personnel conserve donc des empreintes du milieu dans lequel nous avons grandi. Ce milieu comprend des groupes particuliers d'influence, chacun ayant eu un impact sur notre personnalité.

Nous sommes les fils d'un filet, la société

L'image d'Elias évoque la nature de la société et les rapports complexes existant entre les individus qui la composent. Selon lui, la société serait comme un filet dont nous serions chacun l'un des fils. La nature du filet ne peut être définie par un fil en particulier, ni en les connaissant tous, en supposant que cela soit possible. Le filet ne se conçoit qu'en examinant les liens entre les fils ou comment ils s'entrecroisent. Ces relations créent un champ de force qui produit des effets divers sur chacun des fils, selon sa position et sa fonction. De plus, chaque fil peut se modifier sous la tension, mais la nouvelle forme ne demeure pourtant qu'une réunion de fils. Chaque fil reste le même, occupe une place particulière, a une forme précise. Et notre identité se modifie ainsi

---

2. ELIAS, Norbert. *op. cit.*, p. 239.

selon les impulsions données et reçues. Enfin, ce filet social n'est pas tissé définitivement, mais est appelé à se modifier dans un mouvement continuel, telle la société, qui est en constante transformation, créant et brisant des liens et établissant de nouveaux nœuds. Cette image quelque peu touffue d'une société demeure sans doute loin de sa complexité réelle, mais elle permet pour le moins de saisir qu'une collectivité, en sociologie, ne se réduit pas à une simple addition d'individus. Tout découle des rapports qu'ils nouent, soit à deux, à plusieurs ou avec la société tout entière.

DÉFINITIONS

CULTURE

Au sens large, tout ce qu'un groupe d'humains invente et transmet, de nature matérielle ou immatérielle, dans une société; au sens restreint, l'univers des valeurs, normes et symboles d'un peuple ou d'une communauté

Précisions : Si on veut caractériser cette notion au sens large ou anthropologique, ajoutons que la culture est :

Multiple. Dès qu'un groupe d'humains se constitue en entité distincte, en développant des façons de faire et de penser qui lui sont propres, une culture émerge.

4) *Invention collective.* Des éléments sont dits culturels (une chanson ou des ustensiles, par exemple) s'ils sont reconnus ou partagés par l'ensemble du groupe.

Contraignante. On ne choisit pas sa culture au départ, on tombe dedans en naissant, par les effets de la socialisation.

Modifiable. Une culture est toujours en changement. Un élément culturel peut avoir eu une importance considérable à une certaine époque dans une communauté (la religion, par exemple) et n'être plus aussi central par la suite.

Sans identité parmi ce faisceau de rapports, nous serions en état de crise profonde, comme le rappelle CHARLES TAYLOR, philosophe et politologue québécois. Paradoxalement, cette même identité se bâtit par nos interactions avec les autres, l'être humain étant d'abord un être de relation. Dans les limites de la science, la sociologie apporte par ailleurs des connaissances sur la nature de nos rapports avec les autres en lien avec la formation de notre identité.

© GENVIEVE DREYFUS

CHARLES TAYLOR

QUESTIONS SUR LE CHAPITRE 3

Question 1
Que signifie l'expression sociologique : « Nous vivons
d'interactions » ? *nous formons notre identité
grâce aux relations que nous avons avec
les autres*

Question 2
Lequel des quatre *mécanismes* de socialisation présentés
(miroir réfléchissant de COOLEY, jeu de rôles de MEAD,
maniement des impressions de GOFFMAN et anticipation) concourt à la formation de notre identité

→ *en essayant de comprendre l'avenir, nous devenons*
en nous projetant dans l'avenir ? Expliquez. *susceptible pour*
→ *en comprenant le caractère* *faire des chang*
par le simple fait de jouer ? Expliquez. *de la image* *l'avenir*
Nous changeons par plan *vis à l'égar*
→ par le regard que posent les autres sur nous ? *aux*
Expliquez. *Nous changeons notre façon* *yeux*
d'être pour bien paraître *de la*
→ par le réajustement de notre image ? Expliquez. *soci*

N.B. Pour chaque explication, vous devez démontrer
votre compréhension du mécanisme en élaborant sur
les phases ou les étapes, s'il y a lieu.

Question 3
Des quatre principaux *agents* de socialisation,
gr familiale dès la naissance nous apprenons dès
→ lequel est le plus puissant ? Prouvez-le.

→ lequel nous initie à des règles impersonnelles ?
Prouvez-le. *gr scolaire, nous apprends les
règles général de la vie*

→ lequel ne nous met pas en contact direct avec
des personnes ? Prouvez-le. *gr médias*
véhicule d'info

→ lequel nous fait vivre une situation unique
d'égalité ? Prouvez-le. *gr de pairs
même groupe d'âge*

CHAPITRE 4

LE CÔTÉ SOCIAL DE NOTRE CARACTÈRE

L'étude du contenu sociétal de la socialisation

L'une des directions empruntée lorsque quelqu'un cherche à mieux se connaître est celle du retour à l'éducation reçue. Nous réfléchissons d'abord à ce que nous ont légué nos parents, puis nous nous souvenons de certains professeurs, et, plus généralement, de certains adultes qui ont joué un rôle déterminant à nos yeux. En creusant davantage, nous en venons à voir également l'ampleur de ce que nous récoltons de nos semblables, de nos amis en particulier et aussi, indirectement, de ce que les médias nous ont inspiré. En examinant l'éducation que nous avons reçue, nous sommes portés tout naturellement à nous voir sous un angle singulier, comme un être différent de tous les autres. Comment pourrions-nous ressembler à qui que ce soit d'autre ? Dans un sens, il est vrai que nous sommes et resterons toujours uniques car nous avons été entourés tous et chacun par un faisceau distinct et original d'influences.

© The Northeastern Voice

David Riesman
(1909-2002)

Nous devons cependant élargir notre perspective, sinon nous risquons de ne pas discerner que ces influences diverses peuvent converger à un moment donné dans une société. Nos parents ont beau avoir été des êtres singuliers, ils n'étaient peut-être pas si différents des autres parents qui s'occupaient eux aussi de leurs enfants au même moment. Cette réflexion pourrait aussi s'appliquer aux professeurs, amis et sujets médiatiques qui nous ont marqués. En d'autres mots, les membres d'une même société possèdent des traits communs. L'une des tâches que s'est justement donnée la sociologie, en tant que discipline scientifique, c'est de lever le voile sur cette part commune de la formation de tout être humain. Cette formation tire ses origines de la société, notamment grâce à nos parents, nos professeurs, nos compagnons et les médias. Les résultats et les recherches d'un sociologue en particulier sont assez éloquents à cet égard. Ses analyses démontrent que la société à laquelle nous appartenons influence directement notre éducation.

Les recherches menées par David Riesman (1909-2002) au tournant des années 1950 et qu'il expose dans *La Foule solitaire* semblent encore brûlantes d'actualité à l'aube du 21ᵉ siècle. Riesman a démontré qu'en Occident et qu'aux États-Unis, en particulier, nous avons été éduqués successivement au cours des siècles selon trois modèles qu'il nomme caractères sociaux. Il désigne, par **caractère social**, cette partie commune de la personnalité de tous ceux qui ont grandi à une même époque, dans une société donnée. Autrement dit, le caractère social est le résultat d'expériences vécues, communes à ces individus. Sans être la totalité du caractère d'un individu, cette partie de la personnalité de chacun est suffisamment importante, comme Riesman l'explique, pour qu'il vaille la peine de l'explorer dans le but de nous connaître davantage. Il a nommé les trois caractères sociaux qui, selon lui, sont apparus successivement dans l'histoire de l'humanité : les caractères traditionnel, intro-déterminé et extro-déterminé.

Les sociologues établissent souvent des portraits types sur différents sujets, non pas pour suggérer que nous sommes de simples copies conformes, mais plutôt pour montrer certains points de repère. Pour qui veut mieux se connaître, il peut être intéressant de considérer si des éléments de notre propre éducation s'y retrouvent ou si l'un des caractères semble nous avoir davantage marqué.

Il y a longtemps, nous apprenions à imiter

Le **caractère social traditionnel** (*tradition-directed*) est issu de la plus ancienne forme d'éducation, apparue dès le début de l'humanité. Ce caractère s'est développé dans des sociétés basées sur la chasse, la cueillette, la pêche ou l'agriculture. Les familles d'alors habitaient souvent une seule pièce et la plupart des activités se déroulaient autour du foyer. Les anthropologues qualifient ce type de **famille élargie** parce qu'elle comprend, en plus des parents, des frères et des sœurs, les oncles, tantes, cousins, grands-parents et autres « alliés », pour reprendre l'expression de Riesman. Le jeune reconnaissait donc très tôt les comportements admis en observant les adultes en action, qui effectuaient des gestes simples, liés aux activités quotidiennes de survie et qui se répétaient inlassablement.

Dans ces sociétés de type traditionnel, l'enfant n'est pas considéré comme étant un jeune. Il est plutôt perçu comme un adulte miniature, parce qu'il n'est pas encore capable d'accomplir tout ce que les autres adultes peuvent faire. Le jeune, de son côté, cherche à développer ce qui le rendra apte à être accepté comme un adulte à part entière. Pour ce faire, il observe les membres de sa famille et essaie d'agir de la même manière en reproduisant les faits et gestes de ses devanciers. Voilà l'essentiel de la tradition. L'enfant doit tenir compte, par ailleurs, de certains rôles différenciés selon son rang et son sexe. À l'époque des chasseurs-cueilleurs, par exemple, c'étaient les hommes qui allaient à la chasse et les femmes qui avaient la responsabilité de la cueillette. Il n'y a pas si longtemps d'ailleurs, c'est l'homme qui était chargé des principales tâches aux champs tandis que la femme veillait à l'ouvrage autour de la maison et à l'intérieur du foyer.

L'être humain prend sa place très jeune dans une société dite traditionnelle, que ce soit au travail, comme être sexué, dans les cérémonies et les lieux de rassemblement. Bref, le caractère social de l'enfant se développe en observant les adultes qui sont près de lui à tous moments de la journée. Il n'a, pour être apprécié pleinement par ces derniers, qu'à les imiter dans la mesure de ses capacités. C'est tout naturellement qu'il acquiert ainsi des façons de faire, de penser et de sentir en conformité avec celles de son milieu. D'ailleurs, l'enfant n'est pas tenu d'exprimer ce qu'il ressent ni tenu de s'intéresser au vécu des gens avec qui il cohabite.

Il n'y a pas d'école, de journaux ou de supports matériels importants pour l'information, hormis des symboles tels des totems ou les vitraux d'une cathédrale. On reçoit cependant un certain type d'enseignement dans les sociétés traditionnelles. Il s'agit d'un enseignement oral, transmis habituellement par les anciens, à l'aide de contes ou de légendes. Dans ces récits évoluent certains personnages ayant des comportements qui vont à l'encontre de ce qui est admis, par exemple la désobéissance ou la non-imitation des aînés. Ces écarts entraînent le rejet ou la colère des dieux. Ces illustrations permettent aux jeunes de reconnaître certaines de leurs envies et de se réconcilier ainsi avec une part cachée d'eux-mêmes. Par ce biais, ils retiennent aussi ce qui est admis et ce qui est prohibé. Les jeunes peuvent par conséquent se projeter dans un monde de héros et de méchants comme le permet aujourd'hui, entre autres, le cinéma. Le contexte médiatique est cependant fort différent. Le média était un homme en chair et en os qui savait adapter ses histoires à un public qu'il connaissait intimement.

L'individu à caractère social traditionnel vit dans une société aux activités primaires, c'est-à-dire liées aux ressources naturelles de son milieu. Il apprend son rôle d'homme ou de femme en observant les comportements adultes afin de les reproduire le mieux possible. Quand il n'y parvient pas, la honte l'envahit car il se sent incapable de perpétuer la tradition et, conséquemment, l'espèce. L'être social traditionnel est tout naturellement respectueux des aînés et aspire à se conformer aux manières d'être et de faire transmises d'une génération à l'autre. Il ne cherche aucunement à se singulariser. Il a plutôt l'impression de faire partie d'un corps social dont il ne peut se détacher sans perdre sa raison d'être. La notion de personne, telle qu'on l'entend aujourd'hui, ne fait pas partie de son univers.

Voilà le premier type de caractère social décrit par Riesman. Cela diffère-t-il beaucoup de notre éducation? Sans doute, mais en y réfléchissant bien, nous pouvons peut-être entrevoir certains traits de caractère qui nous ont été transmis de cette façon, c'est-à-dire avec l'insigne conviction qu'il nous fallait agir en imitant les comportements des adultes environnants. Cela dit, il se peut que vous entrevoyez un peu plus de ressemblance entre votre éducation et le deuxième type de caractère social dégagé par Riesman.

Il n'y a pas si longtemps, nous apprenions à nous diriger

Le **caractère social intro-déterminé** (*inner-directed*) est apparu au 19ᵉ siècle avec l'industrialisation. L'enfant de cette nouvelle société apprend à se lancer dans la vie dans une direction qu'il se fixe lui-même, et qu'il essaie de maintenir avec vigueur. *Intro* signifie que c'est à l'intérieur de lui-même qu'il se forge une morale et des principes devant le guider dans sa recherche d'un certain idéal de vie.

Le jeune intro-déterminé vit dans une **famille** restreinte dite **nucléaire** (parents et enfants seulement). Les parents cherchent à inculquer consciemment à leurs enfants cette morale qui leur fournira des buts et des idéaux pour réussir leur vie. Dans les foyers les plus imprégnés d'intro-détermination, là où la réussite sociale des enfants est vue comme primordiale, les principaux guides que doit intérioriser l'enfant sont liés à ce qui lui permettra de s'élever dans l'échelle sociale. On lui inculque ainsi l'autodiscipline pour qu'il s'envole seul, et on le munit de principes à suivre tout au long de son existence. Les parents tentent eux-mêmes de suivre un chemin similaire, mais cette orientation crée un climat tendu et une certaine distance entre les membres de la famille. Dans ce contexte, peu de signes de tendresse sont manifestés, car ils nuiraient à la rigueur dans la poursuite d'une conduite axée sur l'accomplissement.

La maison possède des pièces séparées et les membres la quittent quotidiennement pour aller travailler, étudier ou se divertir. Cette dispersion fait en sorte que les enfants voient de moins en moins leurs parents agir, mais ces derniers leur dictent ce qu'ils doivent faire en toute occasion. Les paroles deviennent par conséquent plus réelles que les gestes, ce qui les pousse à prendre leurs propres responsabilités sans avoir nécessairement de modèles patents sous les yeux. Les parents sont sévères. S'ils récompensent parfois, c'est pourtant la punition qui leur sert de moyen d'éducation principal. Ces punitions, pour l'enfant qui déroge du droit chemin, visent à raffermir davantage le caractère. L'enfant n'a pas beaucoup de choix, il cède ou il combat. En bout de ligne, il apprend qu'il faut se fixer des règles de conduite dans la vie, même si ce ne sont pas celles des parents.

À l'époque industrielle, il apparaît au sein des sociétés une grande diversité de valeurs parmi lesquelles l'enfant choisit, pour ne plus en déroger par la suite. Le jeune peut devenir secret, peu sociable et les parents ne s'en formalisaient pas. Ce qui importe, c'est que l'enfant acquiert des principes qui le conduiront vers la réussite. De même, si les parents donnent de l'argent, habituellement pour un travail accompli, ce n'est pas pour l'habituer à dépenser, mais pour lui apprendre à épargner.

L'école est maintenant le lot de tous les enfants, mais ils commencent tard à la fréquenter (6 ou 7 ans) et pour peu d'années, sauf dans les classes sociales aisées. Essentiellement, l'école a une mission limitée. L'enfant y apprend à bien se conduire en société et à assimiler des connaissances essentielles. Cependant, Riesman ajoute que l'accès généralisé à l'instruction favorise l'apprentissage « des manières et du langage des classes moyennes, afin de les aider à s'élever au-dessus de la condition de leurs parents[1] ». L'élève, pour être

1. RIESMAN, David. *La Foule solitaire. Anatomie de la société moderne*, Paris, Arthaud, 1964, p. 91-92.

plus précis, passe sa journée dans une classe aux pupitres alignés et doit simplement écouter et assimiler. Personne ne se soucie de son bien-être à l'école ou ne cherche à savoir s'il a des problèmes personnels à résoudre. Il sait, par ailleurs, qu'il sera puni s'il n'est pas sage et qu'il sera apprécié par ses maîtres s'il a de bons résultats scolaires. C'est ce qui compte pour lui puisque cela fait partie des buts à se fixer pour réussir.

L'école vise simplement à aider l'enfant à définir des buts précis qui le guideront, sans faille, tout au long de sa vie. Il n'est pas essentiel que la matière enseignée soit plaisante, et l'esprit d'équipe en classe n'est pas valorisé. Bref, dans un environnement scolaire, l'enfant est isolé de ses camarades par la disposition des pupitres en rangée, de l'autre sexe dans des écoles non mixtes, du professeur juché sur une estrade distante et, enfin, de ses propres émotions. Puisqu'il s'agit, pour l'essentiel, non pas d'être bien mais d'assimiler les matières au programme et d'obtenir un bon bulletin.

La vie citadine apporte la fréquentation de compagnons de jeu. Ce n'est pas que les parents intro-déterminés tiennent à ce que leurs enfants aient des amis, mais il peut difficilement en être autrement puisque la vie ne se déroule pas seulement à la maison. Outre ses frères et ses sœurs, le jeune intro-déterminé se fait des compagnons au gré de rencontres basées sur la pratique d'une même activité sportive ou l'intérêt commun pour un passe-temps. Ses compagnons n'ont pas nécessairement le même âge. Les seules objections des parents concernant le choix de ses compagnons portent sur la fréquentation prématurée de personnes de l'autre sexe ou d'un rang social inférieur. De toute façon, l'esprit de compétition qu'il développe le conduit à un isolement relatif. En effet, il ne s'agit pas de prendre plaisir au contact des autres, et bien qu'il fréquente des compagnons qui partagent sa passion pour le même jeu ou la même activité, il maintient ses distances afin d'être meilleur qu'eux et cesse de les fréquenter du moment que le passe-temps ne le stimule plus. Il apprend que s'il veut atteindre ses buts, il faut considérer les autres comme des adversaires potentiels autant dans les sports que dans les études. De toute façon, il n'est pas tenu à être sociable; on ne le trouve pas anormal d'aimer à être seul et il a droit à ses recoins secrets. En autant qu'il affiche son désir de réussir dans la vie, qu'il conserve sa distance sociale en ne fréquentant pas n'importe qui, qu'il n'accable pas ses parents avec des difficultés que lui font subir ses compagnons et qu'il les règle lui-même (auto-discipline), qu'il est honnête et juste (probité), il peut faire sa vie comme il l'entend.

À l'ère de l'industrialisation, ce n'est plus au coin du feu que se racontent les histoires. Les récits proviennent plutôt de la multiplication des textes imprimés. Le journal trône et ce qui y est écrit est pris très au sérieux et n'est pas remis en question. La littérature à bon marché y occupe aussi une place importante. Dans tous ces écrits, à quelques exceptions près, scolaires ou religieux, l'enfant y trouve des sujets qui ne s'adressent pas spécifiquement à lui. Le journal, comme le roman, présente des situations réalistes et comportant des personnages très stéréotypés qui, à force de courage et de ténacité, atteignent les buts qu'ils se sont fixés. La plupart des personnages de romans sont rongés par l'ambition, même si, heureusement, les multiples modèles proposés par la littérature permettent de nuancer. Ce sont par conséquent des modèles exigeants, difficiles à imiter. Démuni devant ces modèles démesurés, l'enfant se sent d'autant plus égaré que ses propres parents n'ont pas nécessairement autant d'envergure. Tout cet apprentissage se fait dans l'isolement, l'enfant intro-déterminé se repliant dans un coin pour y lire, travailler.

Ainsi, l'individu à caractère intro-déterminé vit dans une société fortement axée sur les activités dites secondaires ou industrielles de transformation des produits. Il obéit, sous peine de punitions, aux principes de comportements qui lui ont été inculqués. S'il ne parvient pas à s'autodiscipliner, un sentiment de culpabilité l'envahit et lui rend la vie difficile. L'exemple extrême de cette quête incessante ressemble à l'image d'Épinal du *self-made man* qui sacrifie tout au pouvoir, à la richesse ou à la puissance.

Que penser de ce deuxième type d'éducation apparu au cours d'une période plus récente de l'histoire ? Nous pouvons sans doute nous identifier plus facilement à ce type plutôt qu'au premier. Certaines des façons de faire et de penser ont pu être prodiguées à vous ou à des connaissances. Mais le caractère social le plus fascinant de Riesman est pourtant celui dont l'apparition se situe quelques années seulement avant la publication de son livre en 1948, dans les classes aisées des États-Unis. Il prévoyait alors sa prédominance future sur la majorité de la population grâce à l'extension des classes moyennes. En effet, durant les années 1945 à 1975, période d'expansion économique communément appelée les Trente Glorieuses, le **caractère social extro-déterminé** s'est largement répandu.

Présentement, nous apprenons à nous lier

L'expression « extro-déterminé » vient de l'anglais, *other-directed*, qui signifie être dirigé vers l'autre ou vers les autres. L'enfant ayant ce caractère est éduqué à être sensible aux différents messages qu'il reçoit des autres. Il vit habituellement dans une maison de banlieue avec une petite famille dont les parents ne savent pas précisément quelles sont les façons de faire et de penser qu'ils devraient lui inculquer. Ils désirent qu'il fasse de son mieux, mais ils laissent aux autres le soin d'en définir le contenu. Eux-mêmes consultent des spécialistes, de même qu'ils se laissent conseiller par la presse, la radio, le cinéma, puis éventuellement, la télévision. Ces parents de la deuxième moitié du 20e siècle manquent d'autant plus d'assurance sur la façon d'éduquer leurs enfants qu'ils sentent qu'il faut d'abord gagner l'approbation des autres pour réussir dans la vie. Ce n'est pas la compétence dans un domaine donné, ni les diplômes accumulés, autant que l'art de plaire aux autres qui compte. La réussite est dans l'approbation, précise Riesman. Or, le doute s'installe quant à la meilleure façon de préparer son enfant à cette compétence nécessaire dans ses rapports avec les autres.

L'importance des relations humaines amène les parents extro-déterminés à se mêler de la vie affective de leur enfant. Ils veulent détecter si leur enfant peut se mettre au diapason des autres, être amical, avoir de l'entregent, toutes qualités maintenant considérées comme primordiales à la réussite sociale. Ils seront très inquiets si leur enfant ne semble pas avoir d'amis ou fréquenter un groupe d'amis réguliers. S'il le faut, ils prendront l'initiative d'organiser des réunions d'enfants pour stimuler sa popularité dans son entourage. Ils ignorent par ailleurs quel contenu d'éducation donner à leur enfant pour qu'il développe cette sociabilité. On lui fait cependant sentir qu'il a une personnalité qu'il doit rendre agréable aux autres. Cela ne se fait pas toujours sans tensions émotives, selon le degré de difficulté que cela pose à certains.

Ce souci de rendre son enfant sociable s'inscrit dans un contexte où les parents sont sollicités de toutes parts à accepter leur enfant tel qu'il est. Paradoxalement, on ne s'est jamais autant intéressé à sa vie intime. Les parents tentent d'en savoir davantage en discutant avec l'enfant. Ils essaient de le persuader de façon large et floue à faire de son mieux dans ses rapports avec les autres. Mais l'enfant, grâce aux médias, en sait parfois plus que ses parents sur la mode à adopter ou la lecture « in ». Bref, on comprend, *a posteriori*, le succès considérable de livres comme ceux de Dale Carnegie aux États-Unis, qui ont pour sujet l'art de se faire des amis. Rappelons simplement que, suite aux succès de ses cours en relations humaines, cet auteur publie en 1936 un premier best-seller qui figurera sur la liste du *New York Times* pendant dix ans. Le titre est assez explicite : *How to Win Friends and Influence People*.

Les parents perdent ainsi une partie de leur influence car la réussite de leur enfant leur échappe. Elle dépend en partie de ses fréquentations. Les parents ne peuvent que lui conseiller de nouer des relations, d'avoir de bons amis, ainsi qu'eux-mêmes cherchent à le faire. Ils vivent, de plus, dans un contexte où la jeunesse est un symbole attirant et même les parents cherchent à demeurer jeunes pour être près de leur enfant et garder leur considération. Dans un autre ordre d'idées, ils donnent aussi de l'argent à leur enfant (sans nécessairement l'obliger à faire des travaux compensatoires) afin qu'il développe tôt l'art de consommer et se rende ainsi intéressant aux yeux des autres.

L'école, dans une société extro-déterminée, devient plus importante qu'auparavant. Elle débute avant le primaire et progresse vers le haut. Elle se présente à l'enfant tel un jeu organisé par des adultes compréhensifs. Le maître ou la maîtresse sont, par ailleurs, anxieux devant les réactions des enfants qu'ils doivent réussir à faire coopérer. Maintenant, en effet, le développement intellectuel ne représente qu'un aspect de leur travail auprès des élèves. Les professeurs doivent porter une attention toute spéciale à l'adaptation de l'enfant à son environnement, à commencer par ses camarades de classe. Ils cherchent à le faire travailler en équipe, à développer son esprit d'initiative ainsi que son leadership. Les enseignants ont maintenant une formation universitaire axée justement sur l'adaptation sociale et psychique de l'enfant. Le contenu des cours, à travers ces préoccupations, est outrepassé et devient presque secondaire.

L'école est mixte et des tables ont remplacé les pupitres d'antan. Il est impossible désormais de cacher quoi que ce soit à la vue des autres. L'ordre des places en classe est informel et l'enseignant s'assure plutôt de placer les enfants par affinités. Les dessins des enfants ornent les murs et remplacent les images du passé, les cartes du monde et les illustrations à caractère religieux. Le professeur circule entre les tables et ne trône plus à l'avant. Les matières au programme ne sont pas les seuls sujets de discussion, et il est parfois même question de consommation, d'amitié. Les cours sont complétés à l'aide de visites industrielles et par des activités cherchant notamment à développer chez les enfants de l'intérêt pour les arts.

La société d'abondance en biens de consommation dans laquelle nous vivons présentement va de pair avec un enseignement plus individualisé, qui cherche à détecter les problèmes d'adaptation de certains à la vie de groupe et tenter d'y remédier. Cela vise à rendre les écoliers aptes à échanger sur leurs goûts et leurs préférences, ce qui constitue la base de l'éducation extro-déterminée.

Dans un tel contexte, il est aisé de constater l'importance du *peer-group* ou *groupe des pairs*, car c'est au contact de ses semblables que se développent les compétences au plan des relations humaines. Nous avons vu que l'école mise sur la coopération et que les parents accordent de l'importance au fait que leur enfant ne soit pas isolé. Ils cherchent, pour lui, des compagnons de jeu du même âge et du même milieu social, espérant ainsi faciliter son insertion. Lorsqu'il aura appris à nouer facilement des rapports avec les autres, il sera à même de le faire sans trop de difficultés plus tard, en passant d'un milieu à un autre. Le groupe des pairs devient donc, avec l'approbation des parents et des maîtres, un puissant agent d'éducation pour l'enfant. Si les parents sont les juges, précise

Riesman, le *peer-group* demeure aux États-Unis un jury ayant des pouvoirs assez exorbitants.

Le jeune devient tout naturellement soucieux de se conformer aux goûts de sa bande, à moins qu'il ne manifeste un leadership lui permettant d'influencer les goûts des autres. Une fois les nouveaux goûts adoptés, ils deviennent aussi contraignants que les anciens et le jeune doit manifester, par divers signes langagiers ou vestimentaires, sa soumission aux préférences du groupe. Par ricochet, la conformité qu'il manifeste ainsi le sécurise sur ses goûts et ses préférences, qu'il n'hésitera pas à défendre devant les adultes, y compris ses parents.

Ne pas se distinguer des autres est une contrainte qui découle de l'éducation extro-déterminée. Vouloir se démarquer des autres est presque un crime. Les pairs cherchent alors à homogénéiser le groupe et tentent de faire se conformer celui qui se distingue. Riesman note, lors d'entrevues réalisées auprès de groupes de jeunes, la lenteur que ces derniers prennent pour répondre à des questions de goûts, vérifiant préalablement par des regards adressés aux autres s'ils ne s'éloignent pas des goûts communs. Cette contrainte exercée par les pairs est d'autant plus forte qu'elle n'est pas perçue, étant donné que la raison d'être du groupe est le jeu et le divertissement. Le jeune apprend subrepticement à être à l'écoute des autres, ce qui s'avère être un puissant mécanisme de socialisation. Il se prépare ainsi à être un consommateur qualifié à l'affût des modes. Qui plus est, il apprendra graduellement que les êtres et les amitiés sont la denrée de consommation la plus importante à posséder.

Grâce à ce portrait du caractère extro-déterminé axé sur la consommation, nous constatons la place de plus en plus envahissante du groupe des médias. Pour reprendre l'expression de Riesman, les médias sont les « grossistes de l'industrie des communications, et les groupes en sont les détaillants[2] ». L'accent est mis sur la vente, et les propos ne doivent pas être trop sérieux puisqu'on cherche d'abord à distraire. C'est la vogue des bandes dessinées lues en groupe ou échangées entre amis. Les jeux électroniques favorisent les réunions entre

---

2. RIESMAN, David. *op. cit.*, p. 124.

jeunes et la littérature, écrite ou audiovisuelle, est maintenant ciblée comme les autres produits de consommation. Cette littérature doit répondre à tous les goûts ou doit être adaptée à tel ou tel public. Les histoires sont brèves et les personnages à peine étoffés correspondent habituellement à des adultes super héros invincibles auxquels le jeune peut difficilement s'identifier. Ce ne sont plus les personnages qui importent et le noyau de l'histoire est la victoire du personnage qui est du côté de la loi et du bien (moralité oblige). La musique est aussi un élément clé pour le groupe, et stimule de nombreux débats et échanges. Mais la réflexion personnelle est limitée ou se résume à se questionner sur les goûts et préférences des autres.

Ainsi, l'individu à caractère extro-déterminé vit dans une société fortement axée sur les activités dites tertiaires ou de services et sur la consommation. Il doit être sensible aux différents messages reçus des autres. Pour reprendre la théorie d'un autre sociologue états-unien, Charles Horton Cooley, les autres agissent à titre de miroir réfléchissant, et prennent d'autant plus d'importance que leur opinion est majeure quant à la valeur que chacun estime avoir. Le jeune extro-déterminé qui ne parvient pas à capter les messages des autres sur lui-même ou sur les goûts à la mode sentira une angoisse diffuse, se croira anormal ou différent des autres. L'exemple extrême de cette quête incessante d'approbation est de ne jamais manifester d'opinions arrêtées sur quoi que ce soit.

Il est possible que vous ne vous reconnaissiez pas parfaitement dans ce dernier type de caractère social même s'il ressemble plus à ce que vous avez reçu comme éducation. Cela est tout à fait normal puisque ces modèles s'appellent, en sociologie, des idéaux-types. Un **idéal-type** est un portrait abstrait d'un phénomène, simplifié et construit de façon parfaitement logique. La réalité ne se réduit naturellement pas à ce portrait. L'intérêt de telles constructions et de telles simplifications est de permettre à chacun, s'il réfléchit bien à ce qui l'entoure, de dégager à partir de caractères sociaux les diverses influences qu'il peut rencontrer. Nous sommes ainsi mieux à même de nous situer dans l'enchevêtrement des situations vécues. Cette présentation des caractères sociaux de Riesman devrait vous être utile si vous cherchez à comprendre l'éducation que vous avez reçue.

Définitions

Caractère social

Selon Riesman, éléments de socialisation communs dans les personnalités des membres d'une société à une époque donnée. À chaque type de société aurait correspondu un type de caractère social et ainsi seraient apparus successivement dans l'histoire :

Caractère social traditionnel. Caractère basé sur l'observance de règles ancestrales et intangibles.

Caractère social intro-déterminé. Caractère basé sur l'observance de principes axés sur la réussite sociale.

Caractère social extro-déterminé. Caractère basé sur l'obligation d'être sensible aux réactions des autres.

Famille élargie

Groupe familial comprenant habituellement plus de deux générations et incluant des collatéraux.

Famille nucléaire

Groupe familial limité au père, à la mère et aux enfants jusqu'à leur départ définitif de la maison.

Idéal-type (ou type-idéal)

Modèle abstrait qui relie un ensemble de phénomènes en un tout cohérent, ne se retrouvant pas tel quel dans la réalité, tout en permettant de la comprendre mieux.

Afin de retenir plus facilement les principales caractéristiques de chacun des types de caractère social, voici quelques analogies. Imaginons une *caméra vidéo* accolée au caractère traditionnel. L'individu à caractère traditionnel semble avoir, implantée dans le cerveau, une caméra enregistrant les comportements des gens qui l'entourent. Il visionne à loisir cette bande vidéo afin de retenir et imiter ces gestes et évite ainsi la honte de ne pas être conforme. L'individu à caractère intro-déterminé semble plutôt avoir un *gyroscope* d'implanté dans le cerveau. Cet appareil maintient une direc-

tion invariable, tel un pilote automatique. Sous l'emprise d'un sentiment de culpabilité, l'individu intro-déterminé tient le cap sa vie
durant, se dirigeant vers un but qu'il s'est fixé dès son jeune âge et
auquel il ne peut déroger. L'individu extro-déterminé aurait pour sa
part un *radar* comme outil. Cet engin détecte et capte les signaux
d'autrui et lui évite ainsi l'angoisse de ne pas être au même diapason
que ceux qui l'entourent. Afin de mieux comprendre qui nous
sommes, il est avant tout important de nous situer par rapport aux
éducations types que les sociétés présentes et passées ont transmises
à leurs membres.

QUESTIONS SUR LE CHAPITRE 4

Question 1
Historiquement, selon RIESMAN, le 1ᵉʳ modèle de socialisation a donné naissance au caractère social *traditionnel*.

→ Comment décririez-vous un jeune acquérant ce caractère social ? *il est influencé par la façon d'agir des plus âgés et les imités*

→ Qu'est-ce qui pourrait l'amener à avoir honte ? (N.B. Une phrase suffit.) *s'il ne fait pas ce qui est bon aux yeux des âgés il sera rejetté*

Question 2
Est apparu avec l'industrialisation un deuxième modèle de socialisation qui a donné naissance au caractère social *intro-déterminé*.

→ À travers les principaux agents de socialisation (famille, école, pairs et médias), que cherche-t-on à faire acquérir au jeune intro-déterminé ? Répondez séparément pour chaque agent. *plaire à sa famille, avoir de bonnes notes, avoir de bon amis*

→ Qu'est-ce qui pourrait l'amener à se sentir coupable ? (N.B. Une phrase suffit.) *s'il ne fait pas ce qui lui est demandé*

Question 3
Enfin, a émergé avec l'ère postindustrielle un troisième modèle de socialisation qui a fait apparaître le caractère social *extro-déterminé*.

→ À travers les principaux agents de socialisation (famille, école, pairs et médias), que cherche-t-on à faire acquérir au jeune extro-déterminé ? Répondez séparément pour chaque agent. *à plaire à tout le monde*

→ Qu'est-ce qui pourrait l'amener à se sentir angoissé ? (N.B. Une phrase suffit.) *s'il se sent qu'il est différent il pensera qu'il est anormale.*

CHAPITRE 5
L'ÉDUCATION SELON NOTRE SEXE

L'étude du contenu sexué de la socialisation

Si nous nous arrêtons un instant pour réfléchir à nos goûts et à nos préférences, nous remarquerons immanquablement que sous certains aspects, nous nous distinguons du sexe opposé. Bien qu'il y ait toujours des exceptions à la règle, nous voyons rarement, par exemple, des filles manifester un engouement pour les sports violents ou une passion pour la mécanique automobile. À l'inverse, rares sont les garçons qui s'entretiennent longuement sur les dernières modes ou qui vont magasiner ensemble. Nous partageons, sans trop nous en rendre compte, des façons de faire et de penser entre gens du même sexe. L'origine de ces traits distinctifs entre les sexes s'explique de nombreuses façons.

La nature n'est pas seule responsable

Plusieurs penchent instinctivement du côté de la constitution biologique lorsque vient le temps d'expliquer les différences de comportements et d'attitudes entre les sexes. Il y aurait ainsi une nature féminine et une nature masculine. Mais si la nature seule est responsable, comment peut-il exister des hommes aimant parler de leurs sentiments et des femmes qui préfèrent s'en abstenir ? Pourquoi le sexe dit « faible » est-il présent dans des entreprises où on ne l'aurait pas imaginé avant le début du 20ᵉ siècle ? Si ce n'était qu'une question de nature, il n'y aurait que des monstres pour transgresser ainsi des rôles séculaires.

En outre, chercher à explorer notre nature masculine ou féminine fondamentale afin de mieux nous connaître, c'est croire que l'être humain se développe en dehors de ses interactions avec les autres. Or l'enfant, mâle ou femelle, a besoin d'être entouré, guidé et aimé pour survivre. Ceux ou celles qui ont survécu malgré leur retrait initial de la société n'ont jamais réussi, malgré une éducation intensive, à acquérir les manières de faire et les ressources psychologiques d'un enfant élevé dans un milieu humain habituel. Parmi ces quelques enfants ayant survécu quelque temps en dehors de la société, nous retenons les cas célèbres de *L'Enfant sauvage* (mis en scène au cinéma par FRANÇOIS TRUFFAUT, 1970), retrouvé à l'orée d'un bois au Moyen Âge, et celui des *enfants-loups*, deux enfants élevés par une meute de loups. Pour les réintégrer à la société, il a d'abord fallu leur apprendre à marcher sur deux pieds et à communiquer autrement que par des cris d'animaux. Ils n'étaient même pas spontanément humains dans leur démarche ou leur rapport aux autres.

Par conséquent, si nous ne sommes pas naturellement humains, nous pouvons penser que nous ne sommes pas non plus spontanément garçon ou fille. Si nous étions si différents selon notre genre, masculin ou féminin, cela se manifesterait dès les premiers instants de vie. Or, la synthèse des expériences en psychologie sur des enfants de moins de deux ans, effectuées par la spécialiste états-unienne BEVERLY BIRNS, n'indique aucune différence notable, ce qui récuse les tenants du conditionnement biologique.

L'environnement humain, par contre, est crucial. Il a été constaté que les adultes entourent leur progéniture et agissent différemment face à un bébé mâle ou à un bébé femelle. Les observations scientifiques à ce sujet sont édifiantes. SHIRLEY WEITZ, une psychologue états-unienne, habillait un bébé tantôt en rose et l'appelait Beth et tantôt en bleu et le nommait Adam, puis laissait des adultes jouer avec l'enfant. Ces derniers lui rapportaient qu'il n'était pas nécessaire de leur dire s'il s'agissait d'un garçon ou d'une fille, tellement cela leur apparaissait évident. Selon le sexe présumé, on le qualifiait de robuste et vigoureux ou de douce et féminine. Ils avaient donc perçu le bébé selon leur compréhension des réactions attendues pour son sexe. Nous subissons donc un **traitement différencié** selon notre genre. Ce traitement différencié a un puissant effet sur l'enfant, puisque c'est là qu'il perçoit tout ce qu'il devra accomplir afin de se conformer au genre masculin ou féminin.

Nous apprenons des rôles sexuels

Il existe une affirmation sociologique fondamentale qui énonce que notre personnalité se forme en jouant des rôles et que certains de ces rôles relèvent de notre appartenance au genre masculin ou féminin. Avant de poursuivre sur cette voie, il nous faut signaler la distinction qu'un ouvrage états-unien intitulé *Sociology* met de l'avant. L'auteur, RICHARD T. SCHAEFER, propose d'isoler l'identité sexuelle des rôles sexuels. Selon Schaefer, l'**identité sexuelle** correspond à la sensation assurée que nous avons d'être un homme ou une femme de par notre constitution biologique particulière. Pour ce qui est des **rôles sexuels**, nous les avons appris par le jeu, tels des acteurs, selon ce qu'on nous a appris être acceptable selon notre sexe masculin ou féminin. Forte de cette distinction, une femme est certaine de son identité sexuelle, qu'elle œuvre au sein de l'armée ou qu'elle répare une auto et ce, malgré le fait que les femmes ne soient habituellement pas associées à de telles activités. Il en est de même pour l'identité masculine, qui n'est pas affectée si un homme devient infirmier, profession largement féminine, ou s'il s'occupe de la préparation des repas pour sa famille.

Ces conceptions des rôles masculin et féminin se maintiendraient s'ils étaient déterminés par la nature ou la biologie, et pourtant ils ne cessent d'évoluer. Il n'y a pas si longtemps, dans les années 1970, nous acceptions tout juste l'idée comme quoi une

© BETTMANN/CORBIS/MAGMA

MARGARET MEAD
(1901-1978)

femme qui travaille n'est pas pour autant une mauvaise mère et qu'un mari qui aide sa femme à la maison n'est pas nécessairement un homme efféminé.

Toutes ces considérations suggèrent qu'il n'y a pas de comportement obligatoire à respecter selon notre genre (ou *gender*). L'anthropologue états-unienne MARGARET MEAD (1901-1978) a d'ailleurs démontré, lors de recherches effectuées en Nouvelle-Guinée, la variété des façons d'être possibles chez l'être humain, quel que soit son sexe. En résumé, elle a observé au sein de trois peuplades des comportements qui ne respectaient pas les différences dites « normales » de nature biologique ou psychologique entre hommes et femmes. Par exemple, parmi deux de ces peuplades, les Arapesh et les Mundugumor, aucune façon d'être ne distingue les hommes des femmes. Les Arapesh, hommes et femmes confondus, sont généralement pacifiques, sensibles, serviables et s'intéressent tous aux enfants, à l'élevage des porcs et à la culture des cocotiers. Les hommes et femmes Mundugumor sont au contraire robustes, agités, autoritaires, querelleurs et peu intéressés par les enfants. Nous pouvons ainsi croire que la nature biologique n'entraîne pas automatiquement des comportements différents d'un sexe à l'autre dans une société donnée. Qui plus est, chez les Tchambuli (la troisième peuplade), les hommes et les femmes se distinguent d'une façon surprenante et les rôles traditionnels sont inversés. En effet, les hommes se parent d'ornements, s'adonnent à la sculpture, à la peinture et à la danse tandis que les femmes n'ont pas de parure, sont vives, dominatrices, travaillantes et vont à la pêche et au marché.

Selon les observations de Mead, s'il existe des différences dans les façons d'être et d'agir des hommes et des femmes provenant de leur constitution biologique, nous ne les avons pas encore trouvées. Jusqu'ici, les écarts constatés ne peuvent être associés avec assurance à la nature de l'un ou l'autre sexe. Ni l'anthropologie ni la sociologie prétendent résoudre cette question de façon définitive, car toute discipline scientifique demeure ouverte aux nouvelles découvertes et interprétations. Leur mission consiste plutôt à débusquer ce qui peut être attribué à tort comme étant le propre de l'un ou l'autre sexe, ce qui figerait les rôles selon le genre. Ces disciplines observent donc notamment ce qui nous est transmis par notre entourage et plus généralement par la société dans laquelle nous vivons.

Pour mieux comprendre ce qui se transmet actuellement aux garçons et aux filles par leur entourage, explorons ce que les sociologues appellent la **socialisation sexuée**. Il s'agit d'étudier les recherches actuelles au sujet de l'éducation différente chez les garçons et chez les filles dès leur plus jeune âge. On vérifie ensuite la solidité de ces découvertes en observant certains effets lorsqu'on examine le comportement et les perceptions ultérieurs des garçons et des filles, en particulier à l'école. J'espère que vous pourrez ensuite mieux vous situer selon l'éducation que vous avez reçue.

Avant d'aborder ce sujet, étudions-en le contexte. On constate que dans les pays où les portes de l'école ont été ouvertes autant aux garçons qu'aux filles, ces dernières réussissent mieux à tous les niveaux d'enseignement : notes, persistance, âge d'accès, diplômes, etc. Le Québec et le Canada, en particulier, mènent le bal devant deux autres pays où la scolarisation des filles a aussi beaucoup progressé depuis 1970, soit la France et les États-Unis. Au Québec, ce n'est qu'au niveau du doctorat que les femmes deviennent minoritaires. Mais pour combien de temps ? Examinons les recherches sociologiques de CHRISTIAN BAUDELOT et ROGER ESTABLET en France, et une recherche récente menée au Québec par PIERRETTE BOUCHARD et JEAN-CLAUDE ST-AMANT. Ces derniers ont prélevé un échantillon représentatif d'élèves de secondaire 3, environ 1000 filles et 1000 garçons ayant autour de 15 ans et ont cherché à expliquer et à interpréter le succès fulgurant des filles à l'école.

Les filles apprennent...

La socialisation sexuée étudiée par les sociologues relève que l'accent n'est pas mis sur les mêmes choses dans l'éducation des garçons et des filles. Les filles, dès leur plus jeune âge, sont entourées d'une attention particulière en ce qui a trait à leur habillement, leur coiffure et leur apparence. Pensons aux soins prodigués par la mère envers sa fille, aux éloges du père sur la beauté de sa princesse, etc. Les chercheurs français ont remarqué que l'importance de bien paraître est transmise très tôt aux filles. Un souci constant d'être présentables se développe ainsi chez les filles. La recherche québécoise démontre, de son côté, que 92 % des jeunes filles questionnées accordent beaucoup d'importance aux vêtements. Aussi, la propreté et le soin à être bien mise se retrouvent davantage chez les filles. Un trait majeur se dégage ainsi de l'éducation reçue par les filles, celui d'*être fière de bien se présenter*.

Pour vérifier notre apparence, nous avons grandement besoin du jugement des autres. Subrepticement, l'importance de l'opinion des autres est transmise aux filles. De façon générale, tout être humain, quel que soit son sexe, construit une partie de sa personnalité en se référant aux jugements d'autrui. C'est ce qu'a démontré le sociologue états-unien Charles Horton Cooley, en précisant que les autres réfléchissent des

Pierrette Bouchard
et Jean-Claude
St-Amant

impressions de nous-mêmes que nous interprétons par la suite. Les remarques répétées de notre entourage sur un aspect de notre comportement nous forcent inconsciemment à nous faire une image de nous-même tels que vus par les autres. Nous nous construisons ainsi une image positive ou négative de nous-mêmes. Ce mécanisme de construction de la personnalité se nomme le miroir réfléchissant, comme on l'a vu au troisième chapitre.

Si ce mécanisme fonctionne inconsciemment chez les garçons, il semblerait cependant que les filles apprennent *consciemment* à y accorder une grande importance. Ainsi, une jeune fille peut être déçue ou perdre toute estime d'elle-même si elle ne reçoit aucune remarque sur son apparence, une préoccupation qui n'effleure même pas l'autre sexe. Un deuxième trait au plan de la socialisation des filles se dégage, celui d'être porté à *se définir dans le regard des autres*.

L'étude québécoise indique, dans ce sens, que la majorité des jeunes filles accordent autant d'importance à se faire aimer des professeurs qu'à avoir des bonnes notes. Dans la même veine, elle offre une nouvelle perspective sur le phénomène des groupies, très bien décrit par le sociologue italien FRANCESCO ALBERONI dans son livre *Le Vol nuptial : L'imaginaire amoureux des femmes*. La groupie, en effet, espère être remarquée par son idole et son imaginaire l'incite à croire qu'elle a quelque chose de désirable et que son idole s'en rendra compte en la voyant. Elle rêve ainsi d'avoir une valeur à ses yeux et serait prête à le suivre, d'après les résultats de l'enquête italienne, même si elle est déjà engagée dans une relation amoureuse. La jeune fille a donc un rapport particulier avec ses idoles de l'autre sexe basé sur une définition particulière d'elle-même, tandis que le garçon ignore ce délire puisque, selon Alberoni, si sa vedette féminine préférée le remarquait – que ferait-il ? –, il aurait à peine de quoi l'inviter à une pizzeria !

Étant donné que les autres sont importants dans sa définition d'elle-même, la fille est amenée à se préoccuper beaucoup de ces derniers. Elle porte une attention particulière à toutes réactions, à toutes émotions. Elle se met à l'écoute et apprend par le fait même toutes sortes de règles non dites qui régissent les rapports entre les humains. Elle saisit par conséquent la nuance des mots, les expressions du visage puis devient experte dans l'art de décoder les messages non verbaux. Cela contribue sans doute à cette maturité précoce rencontrée chez les filles. Au sujet de l'importance des réactions d'autrui, l'étude québécoise souligne que les jeunes filles hésitent à s'engager dans de multiples relations sexuelles car elles croient que cela peut nuire à leur réputation et transformer le regard que les autres portent sur elles. Un troisième trait apparaît donc au plan de la socialisation des filles, elles apprennent à *être attentives à autrui*.

Le jugement et l'approbation que la jeune fille quête à son entourage ne vont pas faire en sorte qu'elle se prenne pour quelqu'un d'autre. Bien au contraire, les autres ont plutôt tendance à rationaliser et à tempérer, et insistent sur les qualités terre à terre et la connaissance de ses limites qu'il est bon d'acquérir. La recherche québécoise indique d'ailleurs que la majorité des jeunes filles préfèrent des activités de coopération plutôt que de compétition et que, si elles devenaient enseignantes, elles préféreraient enseigner au niveau primaire plutôt qu'au niveau secondaire. Respecter les règles a aussi obtenu l'approbation de 89 % des répondantes, qui ont confirmé qu'il était important d'agir ainsi. Le quatrième trait de la formation de la personnalité féminine consiste donc à *ne pas se surestimer*.

La jeune fille est habituellement prise en charge par ses parents et câlinée davantage, comme si elle avait instinctivement besoin d'être soutenue, encouragée, protégée. Il y a quelques années, une enquête-maison faite avec mes élèves et portant sur un échantillonnage représentatif de 5 000 étudiants ayant 17 et 18 ans a dévoilé que les filles recevaient plus d'argent de poche de leurs parents que les garçons. Mes élèves avaient eu une explication judicieuse de ces résultats : les parents encouragent davantage leurs fils à se débrouiller par eux-mêmes pour leurs petites dépenses, notamment en les incitant à se dénicher un emploi à temps partiel. Une telle exigence n'est pas requise chez les filles et il semblerait que le sentiment d'indépendance ou la volonté d'affirmation se développent plus tard.

La dernière constatation, relevée de l'observation de l'environnement physique dans lequel évoluent les filles, concerne l'étroitesse et la nature intime des jeux et jouets utilisés. C'est ainsi que les petites filles ne sont pas incitées à jouer dehors régulièrement, qu'elles s'amusent avec des jouets rappelant l'intimité comme des jeux de dînettes, des maisons à meubler, des poupées à habiller, etc. Un sentiment valorisant et sécurisant est transmis concernant les occupations prenant peu d'espace. Par conséquent, un lieu restreint leur suffit pour se mouvoir. En plus d'apprendre plus aisément à avoir de l'ordre, elles s'habituent aussi à ne pas s'ennuyer entre quatre murs. La majorité des jeunes filles de l'enquête québécoise se disent d'ailleurs stimulées à l'école, malgré le fait qu'elles sont confinées à une classe. Cette recherche ajoute que la plupart d'entre elles consacrent d'une à cinq heures aux travaux domestiques par semaine tandis que les jeunes hommes, eux, y consacrent moins d'une heure. Un cinquième trait se dégage donc chez les filles, il s'agit de *prendre part et plaisir dans l'intérieur domestique.*

Bref, avant de passer aux garçons, les quelques observations sociologiques sur la socialisation des filles dès leur plus jeune âge nous permet de dresser le portrait suivant : une jeune fille dans la société actuelle a plus de chances d'apprendre, par toutes sortes de manières directes et indirectes, à avoir le souci de bien se présenter, à accorder consciemment de l'importance aux jugements portés sur elle, à être à l'écoute des autres, à chercher à établir ses limites et à se sentir à l'aise dans un espace restreint et domestique.

Il s'agit là, bien sûr, d'un portrait général, simplifié, abstrait, voire exagéré. Certaines jeunes filles s'y conforment et d'autres pas. Ces modèles de conduite sont toutefois présents dans nos sociétés occidentales et exercent une pression, sans que nous en soyons toujours conscients, envers le comportement attendu de la part d'une fille.

Cela ne signifie pas que chaque fille se comporte en tout point selon ce modèle. Il en va de même pour le portrait des garçons. Filles et garçons sont cependant soumis dès leur jeune âge à de tels standards. Le traitement différencié qu'on a spontanément envers eux ou elles en est un excellent exemple. De nombreuses études, qui ont interrogé des jeunes dans le but d'attribuer certaines qualités à l'un ou l'autre sexe, prouvent sans l'ombre d'un doute que c'est très jeune qu'apparaissent des idées toutes faites sur l'autre sexe. Les **stéréotypes** véhiculés dans une société et le degré d'adhésion des individus montrent que ces représentations « prêtes-à-porter », parfois caricaturales, que nous nous faisons de nous-même, concourent à forger notre identité et ont des effets sur nos comportements.

DÉFINITIONS

TRAITEMENT DIFFÉRENCIÉ
Agir de façon différente selon la ou les caractéristiques sociales présumées chez l'Autre.

IDENTITÉ SEXUELLE
Conviction d'appartenir à un sexe donné de par sa constitution biologique.

RÔLE SEXUEL
Ensemble de comportements attendus par la société, à une époque donnée, comme étant propre à l'un des deux sexes.

SOCIALISATION SEXUÉE
L'ensemble des éléments qu'on apprend et intériorise selon son sexe d'appartenance.

STÉRÉOTYPE
Représentation simplifiée à l'extrême, voire caricaturale, des membres d'un groupe (Ex. : Les hommes ne pensent qu'à… Les Noirs sont…)

Les garçons apprennent...

Des observations faites auprès des garçons révèlent qu'ils apprennent à *être fiers d'être sans retenue.* Les sociologues Baudelot et Establet précisent que « les reproches empreints de fierté adressés aux garçons qui rentrent chez eux sales et débraillés[1] » ont un impact important sur le caractère des garçons. Il ne viendrait pas à l'esprit des parents d'être aussi sévères avec leur garçon qui arrive tout déguenillé à la

---

1. BAUDELOT, Christian et ESTABLET, Roger. *Allez les filles !*, Paris, Seuil, coll. « Points actuels », 1992, p. 150.

maison qu'avec leur fille. Dans le même sens, l'agression et la rudesse sont permises chez les garçons mais vues d'un très mauvais œil chez les filles. Les études effectuées dans les cours d'école en France démontrent, de plus, qu'un minimum de chahut fait partie des comportements quasi obligés des garçons.

L'enquête québécoise est intéressante sur ce plan car, même si la majorité n'approuve pas le désordre à l'école, près de la moitié des jeunes hommes questionnés croient d'une part qu'être indiscipliné augmente la popularité et, d'autre part, que faire le pitre est une façon de s'affirmer face aux professeurs. Ceci n'est pas uniquement imputable à un effet de la nature masculine, mais aussi au fait que la plupart des parents observés jouent plus brutalement avec leurs nourrissons de sexe masculin bien que, comme le souligne la psychologue états-unienne Loïs Hoffman, les bébés féminins soient plus résistants à cet âge et moins vulnérables à la maladie et au traumatisme.

Un deuxième trait de l'apprentissage masculin consiste à *se définir par rapport à son contact avec les choses*. C'est-à-dire que le jeune homme est davantage jugé sur ses réalisations plutôt que sur ses rapports avec autrui. C'est ainsi qu'il tripote les objets, les lance, les défait, les transforme à sa guise. Il se plaît à échafauder ou à construire diverses choses. Lui-même se définit davantage à partir ce qu'il fait plutôt qu'à partir de ce qu'il est. Parmi un échantillonnage de jeunes hommes québécois, 20 % des répondants ont affirmé que le nombre des relations sexuelles améliore leur réputation auprès de leurs semblables. Sur un autre plan, un des rares domaines qui demeure considéré comme étant masculin est celui de l'ingénierie. Les filles y accèdent en petit nombre et la moitié des jeunes hommes questionnés s'en disent attirés. Cette profession projette l'image que construire est important et prestigieux. Cette emphase sur le contact matériel n'est sans doute pas étrangère au fait que les jeunes hommes québécois préfèrent majoritairement jouer à des jeux vidéo plutôt qu'écrire à un ami et que presque la moitié d'entre eux avouent qu'on doit taire ses sentiments de même que cacher ses émotions.

Un troisième trait de la socialisation masculine réside dans l'apprentissage à *développer son ego dans le fantasme héroïque*. C'est de là que provient l'importance de « performer », c'est-à-dire de faire des exploits ou des choses remarquables. Ayant appris qu'il sera jugé sur ce qu'il accomplit, le garçon cherche à en mettre plein la vue, à se surpasser. En imagination ou en rêve, il se croit le plus fort, le plus grand, s'imagine luttant contre ses pairs, la nature. Contrairement aux filles, les héros ou les gens qu'il admire appartiennent à son sexe : ce sont des hommes forts ou courageux qui affrontent tous les dangers, sans oublier les vedettes sportives masculines. D'ailleurs, il pratique davantage des sports d'affrontement où il doit se mesurer à des adversaires. La majorité des jeunes hommes de la recherche québécoise disent, en effet, préférer les activités de compétition plutôt que de coopération. Aussi, ils aiment mieux lire des histoires d'aventure que d'amour.

Suite au fantasme héroïque, un quatrième trait apparaît, le garçon *se surestime*. Il a l'impression que, pour un homme, aucun obstacle n'est insurmontable. Car, puisqu'il est jugé sur ce qu'il accomplit, il désire réussir, et il conçoit que tout est possible à quiconque veut bien s'y attaquer. Il développe par conséquent, plus facilement que les filles, une confiance en lui-même parce qu'il ignore ses véritables limites. Il court cependant le risque de surévaluer ses capacités réelles et c'est ainsi que parfois il se lance dans des entreprises incertaines. Le jeune homme manifeste également une propension à s'exprimer avec plus d'assurance, interrompt davantage et regarde les gens plus directement dans les yeux, rapportent les psychosociologues David Myers et Luc Lamarche. Cette surestimation de soi présente chez le garçon le porte, observe l'étude québécoise, à apprécier majoritairement les situations où il est le chef, à considérer les homosexuels comme n'étant pas de vrais hommes, à prétendre que c'est à lui de faire les premiers pas pour inviter une fille et que c'est à lui que revient la responsabilité de proposer les relations sexuelles, bien que la majorité des jeunes de l'enquête aient plutôt affiché une égalité de bon aloi à propos de cette dernière initiative.

Le cinquième et dernier trait qu'il est possible de relever est celui de *prendre plaisir à se mouvoir dans l'espace extérieur*. Le garçon est encouragé par ses parents à jouer dehors et ils lui inculquent que l'espace public lui appartient. Ses jeux nécessitent un parc ou une longue route car il se déplace davantage en jouant. À Aix-en-

Provence, en 1989, une étude française a observé, dans les jeux spontanés à la récréation, que les garçons ont besoin d'un maximum de partenaires, d'un maximum d'espace et d'un minimum de règles alors que les filles ont des partenaires peu nombreux et triés sur le volet, prennent peu d'espace et ont un maximum de règles.

Bref, à l'aide des observations sociologiques sur l'éducation des garçons dès leur plus jeune âge, il est possible de dresser le portrait suivant : un jeune homme apprend à se manifester sans retenue; il s'apprécie et se sent apprécié pour ce qu'il fait plutôt que pour ce qu'il est; il croit important de « performer »; il voit peu de limites quant à ses possibilités et, de prime abord, il se sent prêt à se mesurer à quiconque; enfin, il croit que l'espace public lui appartient.

Ce tour d'horizon comparatif des éléments d'éducation ou de socialisation reçus par les garçons et les filles peut amener la question suivante : un des deux sexes est-il plus libre dans son choix de vie s'il a bien intégré le modèle propre à son sexe? Myers et Lamarche répondent de façon étonnante :

> En un sens, les hommes sont peut-être, en fait, le sexe le *moins* libéré : les rôles dévolus aux hommes, d'après certains chercheurs, sont le plus rigidement définis. Prenons quelques cas : les parents comme les enfants sont plus tolérants envers les filles jouant « comme les garçons » qu'envers les garçons jouant « comme les filles » [...]. Mieux vaut un garçon manqué qu'un « fifi ». De plus, les femmes se sentent plus libres de devenir médecins que les hommes de devenir infirmiers. Et les normes sociales donnent actuellement aux femmes mariées plus de liberté de choisir d'exercer ou non un métier, tandis que les hommes qui fuient un travail pour assumer le rôle domestique sont dits « fainéants » et « paresseux ». Dans ces domaines, du moins, ce sont les hommes qui sont les plus prévisibles, les plus enfermés dans leur rôle[2].

---

2. MYERS, David G. et Luc LAMARCHE. *Psychologie sociale*, Montréal, McGraw-Hill, 1992, p. 186.

Dans les publicités télévisées, si les rôles des femmes ont évolué, ceux des hommes sont maintenus dans leur cadre stéréotypé traditionnel, même si c'est présenté avec plus de subtilité que par le passé. On ne verra pas un homme, par exemple, compétent dans l'art de rendre les chemises resplendissantes de propreté à moins qu'il soit hors du foyer, revêtu d'une blouse blanche et présenté comme un expert d'une firme quelconque ayant enquêté sur le produit vanté.

Pourquoi les filles réussissent-elles mieux à l'école ?

Examinons maintenant plus précisément la question de la plus grande réussite des filles à l'école. En comparant attentivement les éléments de socialisation présentés chez les filles par rapport à ceux rapportés sur les garçons, il semblerait que les façons de faire et de penser apprises tout jeune préparent en règle générale mieux les filles aux exigences scolaires. Elles ont déjà, avant les garçons, assimilé certaines nécessités qu'impose l'école, soit être calme, se tenir longtemps assise sans bouger dans un espace fermé et avoir de l'ordre dans ses affaires. Or, il est indéniable qu'ayant appris à se mouvoir plus facilement dans un intérieur restreint avec des jeux demandant du rangement et peu d'espace, les filles s'adaptent plus facilement lors de leur rentrée scolaire.

Réussir à l'école exige aussi certaines qualités telles que l'écoute en classe, le contrôle de soi ou une discipline personnelle. Les filles ayant préalablement été sensi-

© Presses Universitaires de France

© Pierre Donaint

Christian Baudelot
et Roger Establet

bilisées notamment à être attentives aux autres, cela leur procure une aide précieuse pour suivre les propos des enseignants et pour savoir quand intervenir.

De plus, nous oublions souvent que nous réussissons mieux dans nos études lorsque nous savons identifier le moment où l'aide sera nécessaire et combien de temps prendra tel travail ou tel examen. Le fait que les filles aient été socialisées à ne pas se surestimer leur permet certainement mieux que les garçons d'éviter des mauvaises surprises en ne surévaluant pas leurs capacités. Deux observations fréquentes, que rapportent les professeurs au sujet des étudiants âgés de 17 ou 18 ans, sont que : d'abord, il est rare qu'un jeune homme aille voir un professeur à son bureau, puis, lorsqu'un jeune homme explique son échec dans un travail ou un examen, il insiste souvent sur sa mauvaise évaluation quant au temps de préparation nécessaire.

Le seul élément de socialisation dans le portrait stéréotypé du garçon pouvant être utile à l'école, mais encore faut-il qu'il ait persévéré, réside pourtant dans l'effet de la surestimation de soi. Elle peut avoir un côté positif en maintenant un niveau élevé de confiance chez l'élève, en lui montrant que la réussite est indépendante du jugement que le maître porte sur lui. Contrairement à la fille, le jugement que les autres portent sur lui l'influence moins. C'est une des raisons pourquoi certains garçons persévèrent à l'école au-delà de l'âge prescrit malgré certaines difficultés de parcours. Une deuxième raison explique que, malgré leur succès moindre que celui de l'autre sexe, ils se lancent néanmoins dans des études et des entreprises longues et exigeantes. Baudelot et Establet mettent ainsi en garde contre l'illusion d'une égalité prochaine et assurée des femmes face à leurs pairs sur le marché du travail, malgré leurs succès scolaires.

Suite à ces constatations, est-il possible de prédire l'avenir scolaire d'un garçon ou d'une fille que nous connaissons ? Assurément non, car un faisceau d'influences et une foule d'événements motivent chaque individu et que, combiné avec ses réactions propres, certaines actions deviennent imprévisibles. Mais cela n'enlève pas le fait que, dans une conjoncture sociale donnée, nous puissions prédire avec assez de certitude certains comportements de groupes ou de collectivités. Dans la conjoncture actuelle, par exemple, nous pourrions même avancer que les prochaines années verront plus de garçons que de filles avoir des difficultés à l'école et qu'ils abandonneront plus souvent leurs études avant d'avoir obtenu un diplôme. Plusieurs recherches importantes donnent cette assurance.

La complexité de l'être humain vivant en société fait que notre appartenance à un sexe n'explique pas tous nos comportements ni nos façons de penser. Au sujet de la réussite scolaire, toutes les recherches sociologiques ont dégagé que la *classe sociale d'appartenance* de l'élève prédit le mieux la route qu'il suivra, avant le *sexe d'appartenance*. Nous pouvons habituellement déterminer cette classe sociale selon l'occupation du parent qui apporte le revenu principal. La recherche québécoise, quant à elle, la détermine à partir de la scolarité des parents. Les chercheurs québécois ont constaté que plus la classe sociale à laquelle appartient un élève est élevée, plus celui-ci a de chances de faire de longues études. Cela ne contredit aucunement les propos précédents se rapportant au genre puisque, à l'intérieur de chaque classe sociale, les filles réussissent mieux à l'école. En voici un exemple : une fille d'ouvrier réussit mieux ses études qu'un fils d'ouvrier, mais dans l'ensemble, le fils de classe moyenne réussit mieux sa carrière scolaire que la fille d'ouvrier. C'est ainsi que la classe sociale a préséance sur le sexe et sur le degré d'adhésion aux stéréotypes sexuels, qui s'avère moindre si la classe sociale est élevée.

Pour ne pas contredire les explications données préalablement sur le succès scolaire des filles, Bouchard et St-Amant soulignent avec justesse que la socialisation ou l'éducation que nous recevons dès le jeune âge n'est pas à sens unique. C'est-à-dire que nous réagissons aux modèles de conduite imposés à notre sexe au lieu de simplement les subir. De plus, le contexte social de revendication et d'affirmation visant l'égalité des femmes dans la société au cours de ces 30 dernières années a certes contribué à ce que plusieurs jeunes filles, particulièrement celles provenant des classes sociales aisées ou instruites, ne retiennent du modèle stéréotypé que ce qui profite à leur ascension sociale. C'est du moins l'avis des chercheurs Bouchard et St-Amant. L'être humain ne se soumet donc pas nécessairement et complètement aux modèles de conduite tout faits qui s'imposent dans son milieu de vie.

À ce propos, un dernier élément déterminant dans le fait que nous nous conformons ou non à un portrait stéréotypé, ce sont les modèles d'hommes et de femmes que nous avons sous les yeux dès notre plus jeune âge. Si un enfant a observé sa mère faisant certaines choses et son père accomplissant certaines activités, il a plus de chances d'en venir à la conclusion qu'il y a des habiletés et des domaines réservés exclusivement à son sexe. Rappelons que beaucoup de parents constatent que c'est ce que les enfants observent chez les adultes qui a de l'importance à leurs yeux plus que ce que ces derniers leur disent de faire ou d'être.

QUESTIONS SUR LE CHAPITRE 5

Question 1
Qu'est-ce que l'anthropologue MARGARET MEAD a observé chez trois peuplades de Nouvelle-Guinée? Précisez séparément pour chacune.

Voir P 88

Qu'est-ce que cela peut permettre de conclure sur nos comportements en rapport avec notre appartenance sexuelle?

qu'il y a des différences dès la naissance

Question 2
Les recherches sociologiques sur la socialisation des filles font ressortir cinq éléments principaux: les filles apprennent

➡ à être fières de bien se présenter

➡ à se définir dans le regard des autres

➡ à être attentives à autrui

D ➡ à ne pas se surestimer

➡ à prendre part et plaisir dans l'intérieur domestique.

Lequel de ces cinq éléments de la socialisation des filles peut expliquer qu'elles évaluent, en général, mieux que les garçons le temps nécessaire à la réalisation d'un travail scolaire à remettre? Prouvez-le en donnant le sens de cet élément et en démontrant en quoi il permet cette meilleure évaluation. *pour évaluer le temps*

Question 3
Les recherches sociologiques sur la socialisation des garçons font ressortir cinq éléments principaux : les garçons apprennent

➡ à être fiers d'être sans retenue

➡ à se définir par rapport à leur contact avec les choses

➡ à développer leur ego dans le fantasme héroïque

➡ à se surestimer

➡ à prendre plaisir à se mouvoir dans l'espace extérieur.

Lequel de ces cinq éléments de la socialisation des garçons peut expliquer qu'ils développent une plus grande confiance en eux-mêmes que les filles malgré des résultats scolaires, en général, moins bons ? Prouvez-le en donnant le sens de cet élément et en démontrant en quoi il permet cette plus grande confiance en soi. *il n'ont pas peur et agissent avec toute fierté.*

CHAPITRE 6

LA TRACE DE NOTRE CLASSE SOCIALE D'ORIGINE

L'étude des classes sociales et de l'habitus de classe

L'une des choses fondamentales qui fait que nous sommes ce que nous sommes, c'est la classe sociale dans laquelle nous avons grandi. Nous n'avons naturellement pas conscience au départ que les conditions d'existence qui définissent notre classe sociale d'appartenance peuvent être très différentes de celles d'autres gens issus de la même société. Si nous passons notre vie entourés presque exclusivement de nos semblables ou si nous prêtons peu d'attention aux autres, nous risquons de ne jamais nous rendre compte des différences qui existent entre les classes sociales diverses. Si nous sommes élevés à proximité de gens d'une autre classe, nous risquons au contraire d'être frappés très tôt par ces différences.

Cette prise de conscience peut se produire à différents moments. Un enfant dont les parents résident et travaillent comme domestiques dans une maison bourgeoise saisira rapidement la distance qui le sépare des autres gens. Ou bien un adolescent qui, issu d'un milieu peu fortuné mais fréquentant un collège huppé, se trouve propulsé dans un univers qui ne ressemble pas au sien, remarquera et souffrira peut-être des écarts qui existent entre lui et ses semblables. Ses camarades pratiqueront des sports différents et s'adonneront à des lectures et des activités autres que celles qu'il connaît. Il verra alors qu'il voyage entre deux mondes parallèles, celui privilégié de l'école les jours de semaine et celui, plus ordinaire, de la famille les autres jours et durant les vacances.

Ma prise de conscience de l'existence de classes sociales s'est développée vers l'âge de 13 ans. Je débutais mes études secondaires dans un collège privé, dit classique à l'époque. Jusqu'à 1966, au Québec, c'était la voie privilégiée pour quiconque entrevoyait plus tard des études universitaires. Une très petite minorité de jeunes étaient acceptés vu les coûts importants que devaient assumer les parents. Quelques enfants de milieux moins fortunés, exceptionnellement, pouvaient être admis. Je faisais partie de ceux-là.

À mon arrivée dans cet établissement scolaire, j'ai eu la sensation de ne pas être à ma place. J'avais été bien accueilli, mais je ne croyais pas que je pourrais réussir mes études. C'était plutôt une impression diffuse et bizarre de l'état des lieux et des gens qui s'y trouvaient.

Je peux donner plusieurs exemples pour décrire cette sensation de ne pas être dans mon monde. Un jour, à la récréation, certains de mes camarades de classe se promenaient avec, sous le bras, des romans d'aventure. Ils semblaient prendre plaisir à lire des livres non scolaires. J'y ai jeté un coup d'œil et je me suis aperçu qu'il n'y avait que du texte écrit, aucune image. Je ne comprenais pas comment on pouvait s'amuser ainsi. Outre les écrits scolaires, je ne lisais que des bandes dessinées. De quelle planète certains de mes confrères de classe pouvaient-ils venir ? Pour moi, des livres sans images étaient synonymes de devoirs scolaires et de lecture aride, un point c'est tout.

Autre étonnement ! Dans les cours de religion, les religieux qui enseignaient dans ce collège parlaient du catholicisme, la religion de mes parents, mais cela n'avait rien à voir avec leurs croyances. On m'enseignait une religion rationnelle, intellectuelle et on considérait la religion de mes parents, les rares fois qu'il en était question, avec une condescendance évidente. On parlait à leur égard de la « foi du charbonnier », un ouvrier comme mon père sans doute, et l'attitude de mes professeurs laissait entendre qu'ils avaient de la chance de ne pas être limités ainsi dans leurs croyances.

Un autre souvenir refait surface. Le corps professoral de ce collège nous rappelait régulièrement que nous formerions l'élite de demain. Sous cette perspective, il était important de commencer à occuper nos loisirs par des activités visant cette place de choix que nous occuperions; on nous suggérait fortement par conséquent d'aller régulièrement au théâtre ou au musée, au lieu d'occuper nos loisirs à des activités qui leur semblaient dépourvues d'intérêt et même blâmées, comme se rendre dans les salles de danse populaire de l'époque.

Les études classiques duraient huit ans et on y faisait l'équivalent actuel des études secondaires et collégiales dans une même institution. Avec les années, il m'est apparu de façon de plus en plus évidente que plusieurs jeunes de ce collège ne vivaient pas dans les mêmes conditions sociales que mes parents et moi. J'avais remarqué le genre de maison qu'ils habitaient en allant chez certains; les sports qu'ils pratiquaient en les voyant munis de leurs skis lors de certaines sorties scolaires; et, enfin, par le fait que je faisais partie de la petite minorité d'étudiants qui devaient gagner des sous en dehors de l'école pour se payer quelques sorties et quelques vêtements neufs.

Mais j'oubliais le plus marquant, peut-être parce qu'il est plus difficile à exprimer et à admettre. Ces études, grâce à l'abnégation de mes parents, me tenaient en même temps à distance d'eux. Je les trouvais, plus les années passaient, assez primaires, indépendamment de l'amour contenu de part et d'autre. Par exemple, ils me semblaient mal articulés, pas très raffinés, ignorants et « pas dans le coup » par rapport aux bouleversements que connaissait la société à la fin des années 1950 et au début des années 1960. Je vivais ainsi comme dans deux mondes parallèles, celui de l'école, discret et de bon ton, les jours de semaine, et celui de ma famille, dans un quar-

PIERRE BOURDIEU
(1930-2002)

tier perçu comme bruyant et grossier les autres jours et durant les vacances.

Au-delà de ces souvenirs, c'est cette constatation qu'il y avait des façons d'être ou de vivre différentes dans une même société qui me consternait. C'était l'inconnu. Je ne pouvais ni nommer, ni expliquer cette découverte. C'est la sociologie qui m'a permis plus tard de m'initier à la réalité des classes sociales. J'ai appris plus précisément que nous sommes jusqu'à un certain point le produit de notre classe sociale d'origine.

Nous avons tous un habitus de classe

Un sociologue français, PIERRE BOURDIEU (1930-2002), s'est efforcé dans ses recherches de repérer la façon dont notre classe sociale d'origine nous marque. Le sujet des enquêtes de Bourdieu, menées dans les années 1960 et 1970, porte sur ce qu'il nomme l'**habitus de classe**. Cet habitus s'acquiert inconsciemment à travers nos conditions matérielles d'existence. C'est ainsi que nos goûts, une réalité si personnelle, nous semble-t-il, qu'elle ne se discute pas, peuvent s'avérer être semblables, dans leurs grandes lignes, dans une classe sociale donnée. Ces habitus varient selon les classes, certains préférant aller au concert et au musée et d'autres se rendre au stade ou assister à des spectacles de variétés.

Ses enquêtes ont permis de pousser très loin l'étude des signes distinctifs qui caractérisent les classes sociales. Bourdieu cerne les classes sociales d'une société afin de délimiter l'*habitus* que chacun intègre à sa personnalité. Il a constaté que les membres d'une même classe sociale ont en commun des dispositions qui les incitent à agir de la même manière. Cet habitus, ancré en nous, affecte nos pratiques personnelles : notre façon de manger, de nous habiller, de nous divertir ou d'être en rapport avec les autres.

Le capital est plus qu'un facteur économique

La **classe sociale** d'un individu s'établit objectivement selon le **capital** qu'il possède ou dont il est dépourvu. Le sens économique du terme capital est déterminant, mais il ne représente cependant que l'une des formes servant à définir une classe sociale. Il existe trois formes principales de capital (économique, culturel et social) qui se fusionnent et engendrent les classes sociales.

Le **capital économique** représente la somme des biens de cet ordre qu'un individu possède. Les plus riches font partie de la **classe bourgeoise**. Ce sont principalement de gros commerçants, des industriels et des financiers. La plupart d'entre eux ont hérité de leur fortune et une partie importante de leur capital provient de leur père. D'autres ont acquis, en bonne partie, leur fortune : leur ascension ressemble à celle d'un sportif qui grimpe des ligues mineures aux ligues majeures. Il ne faut cependant pas oublier que s'ils étaient dans les ligues mineures, c'est que la plupart d'entre eux appartenaient déjà à une famille ayant quelques avoirs financiers qu'ils ont su faire fructifier. Ces nouveaux arrivés ne sont pas nécessairement les bienvenus chez les gens prospères et bourgeois qui ne leur font aucun cadeau. S'ils réussissent à se faire une niche, ils continuent à être mal reçus par les plus anciens, qui les qualifieront au passage de « nouveaux riches » ou de « parvenus » avec condescendance et mépris. Les membres de cette classe possèdent donc, en règle générale, des **biens hérités** et des **biens acquis**, ces derniers s'observant, en particulier, par le ou les titres liés à leurs occupations professionnelles.

Tous ces détenteurs de grands capitaux économiques font partie de la **classe dominante**. Ils luttent de diverses manières pour s'y maintenir, non seulement entre eux mais aussi et surtout avec les autres classes sociales qu'ils dominent. Ils ont un pouvoir considérable et peuvent générer de nombreux problèmes, notamment au niveau de l'emploi, lorsque leurs intérêts les conduisent à fermer des entreprises, à les déménager ou à les moderniser. Cette lutte, comme Bourdieu l'a démontré de façon originale dans ses recherches, ne se déroule pas uniquement dans le champ économique mais aussi dans le champ culturel. Abordons à ce propos les deux autres formes de capital.

Le **capital culturel** représente l'ensemble des savoirs qu'un individu possède. Telle la forme précédente de capital, elle peut être héritée ou acquise. Les **savoirs hérités**, ce sont tous ceux qu'un individu emmagasine imperceptiblement grâce au milieu immédiat dans lequel il baigne, de la naissance à l'âge adulte, que ce soit au niveau du langage, de la prestance, des connaissances, des aptitudes et des attitudes. Ces savoirs s'acquièrent par conséquent en dehors de l'école. L'individu les intègre habituellement inconsciemment au contact de ses proches. Sur le plan culturel, il hérite dans les milieux riches des dispositions qui l'avantagent dans ses rapports avec les autres, telle que la facilité avec laquelle il se présente ou s'impose. De plus, ce capital hérité donne l'élan nécessaire à certains pour se lancer dans des carrières artistiques ou innovatrices, et sans avoir recours à de longues études académiques.

On obtient les **savoirs acquis** par les titres scolaires. Plus on va à l'école longtemps, plus on se barde de diplômes, plus on choisit des facultés prestigieuses ou d'avenir, plus on accumule un capital culturel. On peut ainsi faire partie de la classe dominante en ayant acquis ou hérité suffisamment de capital culturel. Cette classe ne se compose donc pas d'un seul groupe de personnes, appelé une **fraction**, en l'occurrence la fraction économique, mais d'une deuxième fraction, culturelle. La fraction culturelle possède à un haut degré des savoirs soit d'ordre littéraire, scientifique ou économico-politique selon qu'on est, par exemple, professeur dans l'enseignement supérieur, concepteur en architecture ou dans d'autres domaines faisant appel à une maîtrise intellectuelle.

Les fractions économique et culturelle de la classe bourgeoise n'ont pas des goûts et des préférences semblables sur les plans théâtral, architectural, technologique, sportif, gastronomique ou autres. Ils varient selon le volume et la structure de leur capital, ou plutôt selon la combinaison des deux capitals et l'importance du cumul. Ainsi, les moins fortunés mais plus intellectuels préfèrent la marche à pied dans un décor naturel, les petits théâtres d'avant-garde, la sérigraphie et la voiture écologique, tandis que d'autres, plus fortunés et moins intellectuels, s'orientent vers le yachting, les théâtres reconnus, la peinture consacrée et la voiture de luxe. De façon générale, le culturel se retrouve subordonné à l'économique. Si nous œuvrons par exemple dans le domaine artistique, nous avons besoin de financement et de mécènes qui sont du ressort de la fraction économique, de même que si nous sommes un scientifique, nous ne pouvons faire des recherches sans subventions et nous devons ainsi solliciter les dirigeants de grandes entreprises. Les femmes liées à la fraction économique jouent souvent un rôle important dans la médiation entre artistes et bailleurs de fonds, tout comme dans la promotion des arts en général.

Au sommet de la classe bourgeoise se retrouvent les biens pourvus, tant sur le plan économique que culturel. Ce sont habituellement les plus anciens membres de cette classe qui sont munis d'avantages qui leur ont été transmis par la génération précédente. Il est difficile de déterminer les frontières entre les fractions, comme le prouvent les cadres supérieurs du secteur privé ou les ingénieurs conceptuels qui occupent une position intermédiaire entre les fractions économique et culturelle.

Il faut également considérer une autre forme de capital qui est parfois moins facile à circonscrire, le **capital social**. Il s'agit de l'ensemble des relations privilégiées qu'un individu peut entretenir, et qui lui permettent de profiter d'opportunités auxquelles d'autres n'ont pas droit. Plus particulièrement, le fait de posséder un réseau de connaissances permet à quelques élus d'être à la bonne place au bon moment, soit pour conclure un arrangement ou pour profiter d'une occasion unique. Le capital social n'est pas mesurable comme le volume des transactions économiques, ni observable comme les diplômes académiques. Il offre néanmoins des avantages certains pour ceux qui appartiennent à la bourgeoisie ou qui désirent s'y tailler une place. Pour plusieurs, le capital social s'entremêle au capital culturel hérité et au capital économique et maintient ainsi leur haut *standing*. Ayant les moyens d'y parvenir, ils manifestent une recherche constante de se distinguer du commun des mortels.

Les deux autres classes sociales ciblées par Bourdieu se définissent elles aussi selon les diverses formes de capital mentionnées. Dans la classe qu'il nomme **petite bourgeoisie** et qui correspond en Amérique à la classe moyenne, les membres se caractérisent par les efforts qu'ils déploient pour ressembler à la bourgeoisie. Mais, leurs moyens étant limités, ils n'y parviennent qu'*à plus petite échelle*.

Grosso modo, chez les petits bourgeois, nous retrouvons des gens qui possèdent du capital sous les diverses formes, mais en quantité moindre et en moins grande variété que dans la classe bourgeoise. Dans la petite bourgeoisie, il existe aussi deux fractions liées aux caractéristiques des professions exercées. On a les fractions établie et nouvelle. L'*aile établie* regroupe essentiellement des petits patrons de commerce, des techniciens, des cadres administratifs moyens, des instituteurs, des artisans qualifiés, bref des gens ayant un certain capital scolaire au-delà de l'instruction obligatoire. Par contre, ils ont peu de capital culturel hérité, ce qui les oppose à l'*aile nouvelle*, plus jeune, disposant de savoirs hérités et de contacts leur permettant une certaine audace. Ceux qui appartiennent à l'aile nouvelle se lancent volontiers dans des professions apparues récemment tels les secteurs médico-sociaux ou ceux reliés à l'art à titre d'artisans ou de commerçants haut de gamme. Plus précisément encore, cette fraction nouvelle est très présente dans les domaines de la vente de biens et de services symboliques (présentateurs à la radio, psychothérapeutes) et dans les professions de présentation et de représentation (représentants de commerce, agents de relations publiques). À l'aube du 21e siècle, selon Bourdieu, l'aile établie semble en voie de disparition alors que l'aile nouvelle est en pleine expansion.

Les **classes populaires** correspondent à la troisième classe sociale décrite par Bourdieu. Cette classe, la plus nombreuse, se compose de personnes ne détenant aucun capital économique et ayant un faible capital culturel et social. Ils travaillent à titre d'employés ou d'ouvriers ayant peu de qualifications, de personnel des services, de tout petits commerçants ou d'artisans. Ils sont à la merci de la classe bourgeoise qui les embauche et leur donne des contrats. Ils n'ont pas vraiment d'influence sur le cours des affaires, sauf dans certaines circonstances, lorsqu'ils se regroupent pour former des syndicats ou des associations.

DÉFINITIONS BOURDIEUSIENNES

HABITUS DE CLASSE

Dispositions qu'on acquiert de son milieu d'origine, aptitudes qui nous amènent, sans que nous en ayons conscience, à avoir des préférences et des façons de penser et d'agir particulières

CLASSE SOCIALE

Un grand ensemble d'individus occupant une position déterminée dans une société selon la variété et la quantité de leur capital. Bourdieu distingue trois classes sociales dans la société d'aujourd'hui :

Classe bourgeoise. Ensemble des individus d'une société possédant la plus grande quantité et variété de capital.

Petite bourgeoisie. Ensemble des individus d'une société donnée possédant du capital mais en quantité et en variété moindres que la classe bourgeoise.

Classes populaires. Ensemble des individus d'une société donnée ne détenant pas de capital économique et un faible capital culturel et social.

Autres distinctions concernant les classes :

Classe dominante. La classe sociale qui détient le plus de pouvoir dans une société, basé sur son accumulation plus importante de capital. En l'occurrence, aujourd'hui, la classe bourgeoise est la classe dominante.

Fraction de classe. Sous-groupe particulier à l'intérieur d'une classe sociale.

CAPITAL

Ressources dont dispose un individu ou une classe sociale. Bourdieu en distingue trois formes principales :

Capital économique. Richesse et revenus d'un individu ou d'une classe sociale. Cela comprend :

- *Biens hérités :* capital économique reçu par voie de succession

- *Biens acquis :* capital économique obtenu par ses occupations.

Capital culturel. Connaissances, diplômes et « bonnes manières » d'un individu ou d'une classe sociale. Cela comprend :

- *Savoirs hérités :* capital culturel reçu par habitus.

- *Savoirs acquis :* capital culturel obtenu par la voie scolaire.

Capital social. Réseau de relations sociales avantageuses détenu par un individu ou une classe sociale.

VIOLENCE SYMBOLIQUE
Pouvoir d'imposer, de manière consciente ou non, ses façons de faire et de penser à un individu ou aux membres des autres classes de la société.

Cette présentation succincte des classes sociales dans une société moderne, industrialisée et dont l'économie est dominée par l'entreprise privée, permet de situer nos origines sociales. Chacune des classes sociales suppose des conditions matérielles d'existence qui développent chez tous ses membres un *habitus* particulier. Cet *habitus* se manifeste par les dispositions esthétiques propres aux membres ou agents d'une même classe.

PIERRE BOURDIEU a choisi d'enquêter sur les goûts parce que cet aspect négligé de la sociologie lui apparaissait comme un bon indicateur de la position occupée par chacun dans la société. Si nous avons inconsciemment acquis un **habitus de classe**, il transpirera dans nos préférences et nos pratiques. Des goûts différents varient donc d'une classe sociale à l'autre dans une même société. Bourdieu a consacré un livre intitulé *La Distinction* à ce sujet. Voici l'essentiel de son propos.

La simplicité des classes populaires

Bourdieu a constaté que les gens issus des classes populaires aiment manger copieusement et recherchent surtout ce qui est nourrissant et bon marché. Au chapitre de la nourriture, ils ne tolèrent pas les dépenses extravagantes. Les repas au restaurant sont plutôt rares et l'importance du rapport qualité-prix les pousse à fréquenter des endroits servant des portions généreuses. Le succès des restaurants où il y a un buffet à volonté (*all-you-can-eat*) n'est pas étranger à cette préoccupation. L'auteur précise cependant que manger abondamment est plus fréquent chez les hommes que chez les femmes. Les jeunes garçons sont d'ailleurs encouragés à finir leur assiette et même à en redemander davantage s'ils veulent devenir des hommes. L'enquête a démontré aussi certaines particularités concernant les garçons et les hommes. Dans les classes populaires, la force physique est estimée. Un homme doit être fort et doit surtout manifester de l'intérêt pour les sports violents, les corps à corps, les aliments et boissons fortes en teneur et en saveur. Ils doivent se moucher avec force, rire fort et être capables d'apprécier les signes extérieurs de la force tels les muscles. Les mères se voient valorisées lorsqu'elles cuisinent bien et leurs repas sont appréciés. Ce qui importe surtout, c'est d'être à l'aise à l'heure des repas. Même avec des invités, les manières à table sont dépréciées et perçues plutôt comme un manque de générosité et de familiarité. En étant simple et sans gêne, on leur montre qu'on les accepte.

Sur le plan culturel, les classes populaires vont rarement au cinéma, au théâtre, au musée ou au concert. Au cinéma, les acteurs ou le genre de films (western, histoire d'amour…) intéressent davantage et la représentation doit être un pur divertissement. De même, s'ils assistent à un spectacle, il doit être de l'ordre de la fête, comme un cirque ou une comédie. Cela leur permet de rire des conventions et des manières guindées. Ils aiment aussi s'en mettre plein la vue : costumes extravagants, décors somptueux, franc-parler, etc. Pour ce qui est de la télévision, ils détestent les effets techniques comme lorsque la caméra dissimule l'action, le manque d'expressivité des comédiens ou les histoires sans queue ni tête. Dans le même ordre d'idées, ils apprécient les belles photographies qui montrent quelque chose (première communion, coucher de soleil sur la mer, paysage) et méprisent la photographie artistique, comme les photos abstraites qui ne signifient rien. Leurs lectures consistent à feuilleter des journaux locaux, des journaux à vedettes ou des revues générales. Les achats sont effectués dans les grands magasins, là où personne n'est jugé sur ses goûts ou sur son savoir-vivre.

Un être naturel, simple, honnête, sincère, au parler franc, qui ne se prend pas pour un autre et qui abolit les distances avec les autres est ce qu'ils espèrent trouver chez une personnalité. Ces qualités seront plus appréciées chez un politicien que ses idées. Ils orientent leur vie selon l'idée qu'il faut prendre du bon temps, qu'il faut profiter des bons moments avec les autres. La sexualité demeure cependant assez stricte, pour les jeunes filles en particulier, et ils persistent à concevoir une division du travail selon le sexe. Enfin, il n'est pas raisonnable d'étaler ses émotions devant les autres, quitte à les dissimuler sous des dehors bourrus.

Ceci n'est qu'un résumé des nombreuses recherches de Bourdieu, ainsi que de celles de certains de ses confrères auxquels il se réfère à l'occasion. Ces enquêtes ont été effectuées au courant des années 1960 et 1970; ainsi, une description dans le détail serait inadéquate puisque les modes et les conditions matérielles de l'existence se sont nettement modifiées depuis. Il est ainsi possible que la fréquence des visites au restaurant se soit amplifiée depuis, ce qui ne change pas pour autant la tendance générale quant au style des restaurants appréciés. Ensuite, certains traits particuliers à la société française peuvent s'avérer intraduisibles dans une autre société ou, du moins, être présents sans avoir la même intensité. Le degré de division des tâches entre les sexes en est un bon exemple, car il varie selon les classes et peut aussi se modifier selon les pays. En outre, cette division sexuelle du travail évolue constamment. Enfin, Bourdieu s'attarde surtout aux différences, sur le plan culturel, liées aux goûts et aux préférences, et notamment ceux de la **classe bourgeoise**.

La distinction de la classe bourgeoise

Ainsi, la classe bourgeoise recherche principalement la qualité des aliments, les petits plats agréables, délicats ou légers, lorsqu'il est question de nourriture. La forme prime sur le contenu, et les manières à table sont importantes : ne pas se précipiter, attendre que chacun ait été servi avant de toucher à son assiette, ne pas entamer un nouveau plat avant qu'on ait desservi le précédent. Bref, les gens qui appartiennent à cette classe doivent faire preuve de retenue et de tenue. Également, ils se mouchent délicatement, ont des rires discrets et la politesse est de bon ton. Au restaurant, ils ont une préférence pour les cuisines exotiques de pays moins connus du tourisme populaire.

En règle générale, les membres de la classe bourgeoise sont sûrs d'eux-mêmes. Ils ne feignent pas : ils sont ce qu'ils sont, un point c'est tout. De plus, ils se sentent différents de la majorité et ils cultivent cette différence, de façon consciente ou inconsciente. Que ce soit les accessoires qu'ils portent, la décoration de leurs demeures, la nature des objets qu'ils possèdent, les produits qu'ils consomment, les sports qu'ils pratiquent et les endroits où ils les exercent, en tout cela ils recherchent l'exclusivité, le luxe, la distinction. L'auteur qualifie leur façon d'être par le terme d'aisance. Les gens issus de cette classe projettent la sensation que le quotidien est chose facile et qu'il ne faut pas s'en faire outre mesure. Cette aisance devient cependant distance dans leurs rapports avec autrui, car ils ont appris très jeune la façon d'être corrects avec les autres, et ne se laissent pas aller à des débordements ou à des excès d'intimité.

C'est au sein de la classe bourgeoise que circulent les plus grands consommateurs de produits culturels ou artistiques sous toutes leurs formes. Noblesse oblige, ils se dirigent vers la musique classique, la peinture, le théâtre, etc. S'ils vont à l'occasion au cinéma, ils connaissent le réalisateur et savent sans doute que ce film est digne d'être vu. Au cinéma ou au théâtre, ce n'est pas l'histoire qui compte, mais la forme. Pour eux, tout est objet d'art, même la photo d'une première communion. Seulement, ils jugent la technique et s'attardent au procédé. La photographie ou la chanson représentent toutefois des arts qui, hormis les artistes consacrés ayant faits leurs preuves, demeurent mineurs et inintéressants à leurs yeux. Juger une chose uniquement d'après sa forme (présentation, manières) sans s'attarder au contenu, comme le font les gens de la classe bourgeoise, est le signe d'une certaine hypocrisie, affirme Bourdieu.

La vie du bourgeois s'oriente en fonction de sa personnalité. C'est une personnalité qui cherche à s'imposer et sa situation fortunée le lui permet. Pour reprendre les termes du sociologue : « [ils] n'ont qu'à être ce qu'ils sont pour être ce qu'il faut être[1]. » Autrement dit, ils donnent le ton et peuvent l'imposer. Ils peuvent même, suprême privilège, être appréciés à un niveau incomparable, en faisant par exemple du bénévolat pour une œuvre quelconque, les autres sachant bien la valeur monétaire allouée à ce temps, vu leur situation.

Le bien-paraître de la petite bourgeoisie

Parlons maintenant de la classe petite bourgeoise. Cette classe occupe ainsi une *position intermédiaire* entre les classes populaires, qui possèdent peu de diplômes et d'argent, et la classe bourgeoise, possédant généralement richesse, relations et une scolarité qui dépassent les possibilités de la petite bourgeoisie. *Les préférences ou les goûts dans cette classe ne leur sont pas propres.* Ils pencheront tantôt du côté des classes populaires, tantôt du côté de la classe bourgeoise. Bon nombre de petits bourgeois espèrent cependant accéder à la classe bourgeoise ou, du moins, profiter de leur style de vie.

Cette aspiration à la bourgeoisie est plus forte chez les membres les plus anciens de la petite bourgeoisie, ceux qui en font partie depuis quelques générations ou qui exercent des professions d'avenir. Elle est moins accentuée chez ceux et celles qui viennent d'accéder à cette classe, c'est-à-dire qui ont eu des parents provenant des classes populaires ou qui exercent des professions en déclin. Ces aspirations différentes nuancent certains des goûts, ainsi que le démontre Bourdieu. Ainsi, la **petite bourgeoisie** *établie* sert à ses amis « des repas copieux et bons, simples et joliment présentés », alors que la **petite bourgeoisie** *nouvelle* opte plutôt pour « des repas originaux et exotiques ou à la bonne franquette ». Ce premier

---

1. BOURDIEU, Pierre. *La Distinction. Critique sociale du jugement*, Paris, Les Éditions de Minuit, 1979, p. 286.

exemple nous montre que cette classe est moins définie et est plus difficile à décrire sans que nous nous référions aux deux autres classes.

Les goûts de la petite bourgeoisie sont grandement tributaires de l'entre-deux dans lequel elle se trouve et dont elle voudrait bien s'extirper. Les petits bourgeois souhaitent s'associer à la classe bourgeoise, mais ils n'en ont pas les moyens. C'est ainsi qu'ils se procurent des items qui semblent exclusifs ou des produits griffés qui perdent leur exclusivité du moment même qu'ils sont accessibles à quiconque. Cette quête de consommation ostentatoire est vaine puisque, dès qu'un produit haut de gamme devient accessible aux petits bourgeois ou aux classes moyennes, il perd de son intérêt pour la bourgeoisie. Il en est de même des destinations de voyage : dès que certains sites sont accessibles à la petite bourgeoisie, la bourgeoisie se déplace vers d'autres lieux de villégiature.

Bourdieu confirme que les membres de cette classe semblent mus par une volonté bien ancrée de réussir à sortir de leur milieu. Le petit bourgeois recherche incessamment à grimper l'échelle sociale, d'où son obsession à toujours bien paraître. Cette ambition personnelle est astreignante, et le petit bourgeois devient tendu tant il veut s'arracher à sa condition présente. Ce stress de réussir à tout prix le force à atténuer ses transports, à être sobre non seulement dans le boire et le manger. Sa morale est rigoureuse : il possède des règles à suivre et des techniques pour bien gérer sa vie, il se fait un devoir de bien parler, ce qui entraîne parfois de l'exagération.

Comme les membres de la petite bourgeoisie sont convaincus que le salut et la réussite ne dépendent que d'eux seuls, ils ont leurs propres opinions et sont peu enclins aux rassemblements. Et pourtant, leur quête du succès les force à se préoccuper grandement du jugement qui peut être porté sur eux. Ils se soucient donc de leur apparence et sont anxieux de savoir s'ils sont acceptés en matière de goûts ou de relations sociales. Ils peuvent ainsi confondre l'opérette avec la grande musique, la science et sa vulgarisation, le simili avec l'authentique et deviennent victimes de leur désir de bien paraître.

SCHÉMA DES CLASSES SOCIALES

basé sur la description du sociologue

Pierre BOURDIEU, *La Distinction. Critique sociale du jugement*, Paris, Les Éditions de Minuit, 1979, 670 pages.

LA BOURGEOISIE (deux fractions)		LA PETITE BOURGEOISIE (deux fractions)		LES CLASSES POPULAIRES (pas de fraction)
Économique	**Culturelle**	**Nouvelle**	**Établie**	Employés, ouvriers, petits artisans, petits commerçants, personnel des services publics ou privés…
Gros commerçants, industriels et financiers…	Universitaires, littérateurs, scientifiques, concepteurs…	Communicateurs, conseillers, théra-peutes, relation-nistes, commerçants haut-de-gamme…	Petits patrons, cadres moyens, artisans qualifiés, techniciens, instituteurs…	
Préférences esthétiques (exemples)		Préférences esthétiques (exemples)		Préférences esthétiques (exemples)
Yatching, théâtre reconnu, peinture consacrée, voiture de luxe…	Randonnée pédestre, théâtre d'avant-garde, séri-graphie, voiture éco-logique…	Les membres de cette classe oscillent entre les goûts des deux autres classes selon leurs aspirations, leurs moyens et l'origine popu-laire pour plusieurs.		L'art qui dit quelque chose, concret, com-préhensible; spectacles et émissions de variétés, sport, musique country, cinéma avec une histoire et une belle fin…

HABITUS OU PRINCIPES DE CLASSEMENT SELON LES CLASSES SOCIALES

basé sur la description du sociologue
Pierre BOURDIEU, *La Distinction. Critique sociale du jugement*, Paris, Les Éditions de Minuit, 1979, p. 222.

CLASSES POPULAIRES (TENIR LE COUP)	CLASSE BOURGEOISE (TENIR SON RANG)
En nourriture	*En nourriture*
Accent sur le contenu Le substantiel, le nourrissant, le réel (sur les apparences), le simple ou à la bonne franquette, sans façons et sans cérémonies et aussi, au restaurant ou à l'épicerie, en avoir pour son argent.	**Accent sur la forme** La qualité, la présentation, les petits plats, l'étiquette.
Dans leurs rapports aux autres	*Dans leurs rapports aux autres*
Accent sur le naturel, la simplicité La sincérité, le senti, la preuve par les actes, le franc-parler, être entier, honnête, sans complication.	**Accent sur l'assurance, l'aisance** La délicatesse, la retenue, la politesse des mots, la personnalité, la distinction, l'exclusivité, la gratuité, bref, les manières comme allant de soi.
Dans leur critique de l'autre classe	*Dans leur critique de l'autre classe*
Accent sur la prétention des autres Leur absence de façons, leur manque de familiarité, leurs distances, leur peu d'esprit égalitaire, leurs simagrées, leur politesse excessive.	**Accent sur le sans-gêne du peuple** Leur laisser-aller, leur trop grande familiarité, leur inconvenance, leurs façons trop libres de se comporter.
Au plan de l'esthétique*	*Au plan de l'esthétique**
Des tableaux ou des photos qui veulent dire quelque chose.	Des tableaux ou des photos qui ont du style au-delà de ce qu'ils représentent.

* Qui a rapport au sentiment, à la perception du beau.
N.B. Pour l'esthétisme, Bourdieu laisse entendre que le goût fonctionne comme une sorte de sens de l'orientation sociale (**sense of one's place**). En étudiant les goûts, c'est comme si on pouvait se diriger vers la position sociale occupée par chacun et chacune.

Sur le plan culturel, leur désir d'être conforme au goût légitime, c'est-à-dire celui qu'ils considèrent être de mise dans les milieux bourgeois, les éloigne de leurs préférences. Le sociologue posait cette question : avec les sujets suivants, le photographe a-t-il des chances de faire une photo belle, intéressante, insignifiante ou laide (suivait l'énumération de 21 sujets) ? Pour ce qui est du sujet de première communion, les petits bourgeois sont plus nombreux à répondre que soit la photo sera insignifiante (on veut se distinguer du goût des classes populaires), soit elle sera intéressante (on n'ose pas trop se prononcer, le terme « intéressante » n'étant pas très engageant). Par ailleurs, les membres des classes populaires ont tendance à être sûrs qu'une première communion pourrait être l'objet d'une belle photo. Par ailleurs, la classe bourgeoise n'écartait pas cette possibilité, mais tout serait dans la manière de la réaliser.

Il est facile de constater, à partir de cet exemple, que la classe petite bourgeoise est peu sûre de ses goûts. D'une part, elle veut se démarquer des classes aux goûts vulgaires, et d'autre part, elle ne réussit pas à atteindre le club sélect qui peut changer ses préférences sans prévenir, dès qu'une mode se répand et perd de son exclusivité. Les petits bourgeois ont ainsi, dit Bourdieu, des goûts « disparates ».

Notre classe sociale d'appartenance nous lègue donc certains goûts. C'est ainsi que l'*habitus* de classe poursuit son œuvre. Bourdieu souligne que cet *habitus*, que nous avons assimilé petit à petit au cours de notre existence, fonctionne fondamentalement sur la base de classements. Nous trions les personnes, les choses selon des catégories de perception.

Y a-t-il une lutte de classes ?

Pour résumer, nous pourrions conclure que l'*habitus* des classes populaires est axé sur ce qui est substantiel, réel, nourrissant, naturel, simple, sincère, franc, honnête, pas compliqué et surtout authentique. Inversement, l'*habitus* de classe bourgeoise est tout ce qui est léger, symbolique, maigre, maîtrisé, recherché, tout ce qui est nuancé et respecte les convenances. Bourdieu dit qu'il existe une lutte qui oppose les classes sociales d'une société non seulement sur le terrain économique, mais aussi dans d'autres champs ou domaines d'activités.

Ainsi, ces principes de classement cachent un jugement de dépréciation sur les goûts d'autrui. Les classes populaires critiquent les pratiques bourgeoises comme étant prétentieuses, froides, trop polies, maniérées et manquant de spontanéité. À l'inverse, la classe bourgeoise trouve que les membres des classes populaires sont sans-gêne, font preuve de laisser-aller, sont inconvenants ou excessifs. La classe bourgeoise impose de surcroît ses propres goûts tandis que l'école dévalorise, sans nécessairement s'en rendre compte, ce qui n'est pas l'idéal bourgeois. Cela crée une autre forme de préjugé, qui est celui d'être convaincu, par exemple, que quelqu'un s'exprime incorrectement parce qu'il a l'accent de son *habitus* de classe.

En imposant des façons de faire ou d'agir à quelqu'un, nous lui faisons violence. Bourdieu qualifie d'ailleurs de **violence symbolique** cette mise à l'honneur de l'esthétique bourgeois comme étant la norme légitime à suivre, relayée non seulement par l'école mais aussi par ceux qui exercent le métier de critique dans divers domaines.

Si la classe bourgeoise parvient ainsi à imposer ses règles, c'est parce qu'il ne suffit pas de contrôler les leviers économiques d'une société pour justifier et faire admettre sa position dominante. Nous devons prouver que nous méritons cette position privilégiée, un peu comme jadis, lorsque rois et nobles devaient prouver que Dieu souhaitait leur suprématie. Ce droit de naissance est révolu aujourd'hui, mais la bourgeoisie cherche tout de même à légitimer sa supériorité et souhaite la faire paraître normale ou naturelle au sein de la population. Voilà où la *distinction* devient importante. C'est de cette façon que la bourgeoisie fait violence aux goûts des autres en se prétendant la seule classe connaissant vraiment l'art de vivre. Cela ne se produit pas volontairement en se portant à l'attaque des classes dominées, mais l'*habitus* de classe aidant, cette place enviable semble leur revenir de droit, vu la grâce avec laquelle ils s'y meuvent. Pour l'atteindre, une lutte sourde transpire dans leurs rapports sociaux, en particulier avec la petite bourgeoisie qui voudrait bien se hisser à leur place.

C'est ainsi que dès que la petite bourgeoise accède à un bien distinctif de la bourgeoisie, cette dernière s'en détache et commence à le dévaluer. Un morceau de musique classique de prédilection, une fois diffusé à grande échelle (à l'occasion d'un film, par exemple), perd pour elle de l'intérêt et est dévalorisé dans les cercles bourgeois. La haute couture, le prêt-à-porter ou les styles dans la décoration intérieure subissent le même sort.

Ces différences de goûts entre les classes sociales masquent donc des différences de conditions d'existence. Si le bourgeois apprécie l'exclusif et le raffiné, c'est qu'il a les moyens de l'acquérir. Si l'ouvrier préfère le simple et le pratique, cela correspond aussi à ses moyens, limités dans son cas. Nous adaptons nos goûts à nos moyens, en faisant de la nécessité une vertu. Ne pouvant aspirer à vivre autrement, nous faisons de notre mieux avec les limites qu'imposent nos conditions d'existence. Mais les petits bourgeois semblent éprouver plus de difficulté à vivre cette équation, car ils sont constamment tiraillés par leur désir d'être autres.

Cette notion d'*habitus* de classe peut nous aider à élucider une partie de nous-mêmes que nous ne soupçonnions sans doute pas. Pour le reconnaître, il faut accepter que nous sommes issus d'une classe sociale particulière et que cela laisse une trace. Nous y développons des dispositions qui nous font apprécier certaines choses et qui nous font voir la réalité sous une perspective particulière. De plus, en faisant partie d'une classe dominée comme c'est le lot de la plupart des gens, il est facile de se croire non conforme et anormal au contact direct avec la bourgeoisie. La culpabilité nous envahit alors et nous avons honte de notre état. Cette attitude est déplorable car elle ajoute l'outrage à l'injustice. Une telle réaction n'est-elle pas absurde?

Il ne s'agit pas de dénigrer les autres classes sociales ni d'adopter un racisme de classe qui conduirait au culte de la distinction. PETER C. NEWMAN, dans *L'Establishment canadien*, raconte la vie d'un grand bourgeois canadien, le Torontois Nelson Morgan Davis, qui disait avec candeur ne pas comprendre les façons d'être et d'agir de ses domestiques, tout comme celles de son chien, mais qui ne les détestait pas pour autant bien qu'ils étaient issus d'une autre race.

Somme toute, l'aspiration à vivre autrement, à apprécier des choses nouvelles, à s'instruire davantage, à développer des goûts, dispositions propres à la petite bourgeoisie et aux enfants des classes populaires qui cherchent à augmenter leur capital culturel, n'est pas à dédaigner, loin de là. Ce qui est plutôt dangereux, c'est de dénigrer nos goûts et dispositions actuelles provenant de notre *habitus* de classe tel un vêtement sans grande valeur. Nous gagnons toujours à nous accepter avec nos contradictions.

QUESTIONS SUR LE CHAPITRE 6

Question 1
Quelles sont les trois formes de capital servant à établir les classes sociales d'une société, selon le sociologue Pierre Bourdieu? Que représente chacune? Détaillez, s'il y a lieu.

*Capital economique "bien possede
culturel : ensemble des
social : savoir
ensemble
des relations*

Question 2
Quel est le rapport aux trois formes de capital de chacune des trois classes sociales identifiées par Bourdieu?

Question 3
Identifiez trois caractéristiques (comportements ou attitudes) propres à l'*habitus* de chacune des trois classes sociales étudiées par BOURDIEU, se résumant à la simplicité pour l'une, à la distinction pour une deuxième et au bien-paraître pour la troisième.

CHAPITRE 7

NOTRE APPARTENANCE À UNE NATION ET À UN ÉTAT

L'étude de la nationalité et de la citoyenneté

Lorsque nous nous identifions face à un étranger, nous dévoilons habituellement notre citoyenneté ou notre nationalité. Il arrive d'ailleurs que nous confondions ou distinguions mal ces deux réalités, c'est-à-dire être citoyen d'un État et être membre d'une nation. Pourtant, ces critères d'identification peuvent être sources d'inquiétude et d'angoisse, car de nombreux conflits et d'innombrables luttes existent entre les populations par rapport à ces identifications. À l'aube du 21ᵉ siècle, les Québécois francophones connaissent mieux que quiconque cette réalité, et savent qu'ils font face à une impasse à l'intérieur du Canada.

Nous devenons graduellement les membres d'une nation

Pour vous expliquer comment ce sentiment d'appartenance à une nation peut s'imprégner en nous, je vous décrirai d'abord un de mes rêves. J'ai, habituelle-ment, de la difficulté à me souvenir de mes rêves, mais je n'ai jamais oublié celui-ci et pourtant je n'avais que neuf ou dix ans. Je n'ai retenu qu'une image de ce rêve, mais elle est suffisamment révéla-trice. Je suis d'ailleurs renversé, encore aujourd'hui, d'avoir fait ce rêve. Je vous raconte... J'ai donc 9 ou 10 ans, je suis juché au som-met d'un arbre très élevé. Cet arbre se trouve au cœur du centre-ville de Montréal, juste derrière un gratte-ciel. Je prends place devant une fenêtre ouverte donnant sur le bureau d'un grand patron, financier ou chef d'entreprise. Il est assis à son bureau. Je le vois de dos. Dans mon esprit, je suis certain qu'il s'agit d'un Anglais (un anglophone, dit-on maintenant), car à cette époque (dans les années 1950), il n'y avait aucun doute que seuls les Anglais pouvaient occuper un poste aussi élevé. Je tiens une sarbacane (un tuyau de bambou) munie d'une flèche empoisonnée et je m'apprête à la souffler dans le cou de cet homme qui ne me voit pas, assis à son bureau. C'est tout ce dont je me rappelle.

Ce rêve avait certes des connotations sociales. Cette sarbacane, je l'ai rapidement associée à ma lecture des albums de Tintin de l'époque, car c'est dans celui, intitulé *L'Oreille cassée*, que cette arme, pour le moins insolite, m'avait fasciné. Ce rêve souligne que, dans la société, il y a nous et les autres. Les autres, ce sont les Anglais qui contrôlaient l'économie et il y avait, nous, les Canadiens français, qui étions inférieurs. J'ai perçu un reflet de cette soumission, ancrée pro-fondément chez plusieurs lorsque, quelques années plus tard à la télévision, un interviewé sur la rue disait, à propos des Anglais, que nous étions chanceux de les avoir. Il signifiait que, sans eux, nous serions perdus !

L'élément déclencheur de mon rêve, au-delà de considérations psychologiques, pourrait être l'enseignement endoctriné de mes parents ou d'un de mes professeurs, pleins de vindictes contre les Anglos. Ce n'est pas le cas. Bien que mes parents ne parlaient jamais de politique, j'ai su, par la suite, qu'ils votaient d'abord par devoir, puis par tradition. Leurs parents avaient voté pour les Rouges, comme ils disaient, couleur associée au Parti libéral prôné aussi par les Anglais au Québec. En ce qui a trait à l'école, je me rappelle net-tement que les Frères enseignants avaient parlé de la monstruosité des Indiens (qu'on appelle maintenant Amérindiens) puisqu'ils avaient torturé et tué de braves missionnaires venus leur apprendre la bonne nouvelle catholique mais pas des Anglais. Par conséquent, les allusions aux Anglais et à la société capitaliste dans mon rêve se ralliaient au contexte dans lequel je vivais. Les propos et les observations s'enregistraient à mon insu. Ainsi, sans prétendre connaître avec assurance la provenance de certains faits qui sont gravés dans mon esprit, en voici d'autres qui ont certainement marqué ou forgé, si on peut dire, ma conscience nationale.

Chaque été, nous quittions notre résidence dans l'est de Montréal vers l'ouest de l'île, à Verdun plus précisément, pour visiter la sœur de mon père. Durant le long trajet d'autobus, je voyais des églises tout comme en miniature. Lorsque j'interrogeais ma mère à ce sujet, elle me répondait toujours d'un ton péremptoire et quelque peu alarmiste qu'il s'agissait d'une « mitaine », sans plus. Il m'a pris plusieurs années pour comprendre que cette expression était une contraction de *meeting house*, inscription retrouvée alors devant les églises protestantes. Cette expression, et surtout le ton avec lequel elle était prononcée, révélait un endroit à ne pas fréquenter, car ce n'était pas catholique, et m'y rendre me condamnait directement en enfer. Chez ma tante, mes cousins m'informaient qu'il y avait des bandes de jeunes à Verdun, comme dans mon quartier Ste-Marie, mais, qu'à cet endroit, elles se démarquaient par une base linguistique : les Anglais d'un bord, les Français de l'autre.

Quand j'allais visiter, par ailleurs, une des sœurs de ma mère, dans un autre quartier de l'ouest de Montréal, je pénétrais dans un élégant bloc à appartements luxueux dont l'entrée de glaces et de marbre me ravissait. Elle et son mari y étaient concierges, habitant avec leurs deux garçons dans le sous-sol humide et sombre de l'édifice. Dans ce coin de la ville, on y entendait parler anglais, sauf entre concierges. Parfois je jouais avec des copains de mes cousins qui ne connaissaient que cette langue que je ne comprenais pas. Plus tard, l'un des deux cousins est devenu professeur d'anglais et l'autre, traducteur.

À la même époque, mon père, qui n'entendait rien à la langue anglaise, avait un *foreman* (il ne connaissait pas le terme contremaître) canadien-français qui s'obstinait à lui parler dans cette langue incompréhensible pour lui. J'ai par ailleurs déjà entendu mon père dire qu'il ne pouvait être promu car il n'était pas instruit et ne connaissait pas l'anglais.

Ces exemples visent à illustrer que, dans la formation de notre identité, nous nous reconnaissons progressivement à titre de membres d'une communauté nationale ou d'une nation par diverses expériences vécues ou rapportées. Nous apprenons ainsi à identifier les autres et à nous nommer avec un qualificatif qui englobe tous les membres de notre groupement. Cet adjectif peut cependant varier selon la conjoncture et l'époque. Ainsi, une personne de langue française, née au début du siècle au Canada, nommait son groupement national les Canadiens (ou *Canayens* phonétiquement), distinguant ainsi sa communauté de celle des Anglais. Certaines personnes de cette génération persistent encore dans cette distinction. À la génération suivante, cette personne se serait plutôt identifiée comme étant Canadienne française afin de n'être pas confondue avec les Anglais qui s'approprient eux aussi du terme Canadiens (ou *Canadians*) depuis la Confédération en 1867. Enfin, le terme Canadien français a été graduellement remplacé, à partir des années 1960, par celui de Québécois.

Une nation se nourrit du passé et du présent

Un grand sociologue québécois, Fernand Dumont (1927-1998), a particulièrement travaillé à cerner et à approfondir la nature d'une **nation**. Il a livré une œuvre magistrale sur le sujet intitulée *Genèse de la société québécoise*, exposant la synthèse d'une fouille monumentale échelonnée sur toute sa vie. Il souligne et interprète tout ce que la société a dit d'elle-même grâce aux écrits qui ont jalonné son existence depuis le 16e siècle jusqu'à la seconde moitié du 19e siècle. Nous y découvrons qu'une période de gestation de trois siècles a été nécessaire pour que naisse notre nation. En cours de préparation, des projets politiques se sont échafaudés, une littérature s'est ébauchée et une mémoire historique s'est élaborée. Sa conclusion révèle qu'un peuple se construit selon une *référence* façonnée d'**idéologies**, d'imaginaire et de conscience historique. Une nation s'abreuve à deux sources, celle du passé d'où surgissent les souvenirs d'un héritage commun, et celle du présent d'où jaillit le désir de poursuivre la marche en avant avec pour bagage, cet héritage.

Dumont précise ensuite dans *Raisons communes* que, pour se maintenir, une nation a besoin d'institutions vigoureuses et d'une volonté de durer. Ceci exige, dans le cas d'une nation ne possédant pas une pleine maîtrise politique, qu'elle proclame son nationalisme plus que chez d'autres peuples plus solidement établis.

Ainsi, lorsque nous affirmons notre appartenance à une nation, c'est parce que nous avons le sentiment de faire partie d'une collectivité possédant un passé reconnu et partagé. Bien que chacun interprète à sa façon le passé, les membres ont le désir de perpétuer son rayonnement dans le présent. Par ailleurs, il serait vain de tenter d'énumérer et de catégoriser les caractéristiques de cette nation dans un cadre restreint, non seulement parce qu'il n'existe aucun trait qui nous distingue radicalement des autres humains sur terre, mais aussi parce que, comme tout groupement humain, la nation évolue continuellement au contact des événements, des échanges avec les autres peuples et les apports de l'immigration. Selon Dumont, la nation est plutôt « le lieu et le signe d'une identité » qui, malgré le risque de se replier sur elle-même, surtout si elle se sent menacée, est un passage obligé pour l'ouverture aux autres. Nous devons d'abord être conscients de nous-mêmes avant d'être conscients des autres.

Bref, selon le sociologue, la nation est un groupement de référence dont nous sentons l'appartenance mais dont les traits ne sont pas faciles à fixer. Nous pouvons souligner certains traits, mais ils n'offrent que la caractéristique du moment et peuvent d'ailleurs se modifier dans le temps et être présents parmi d'autres peuples. Prenons la religion pour exemple. Elle était, il n'y a pas si longtemps, considérée comme étant un trait national pour certains groupements comme le nôtre, mais nous ne pouvons plus l'affirmer avec assurance aujourd'hui. Ces changements n'effacent pas le sentiment d'appartenance à un groupement particulier, à une communauté nationale à laquelle on se référera à la rencontre d'un étranger qui nous interpelle à se sujet.

Les contours de notre nationalité peuvent cependant prendre une certaine consistance si nous nous rapportons aux origines et à l'évolution de notre nation. La langue parlée, le français, est une référence au Québec, mais n'est toutefois pas un trait déterminant pour toutes les nations. Par exemple, Dumont rappelle que les Irlandais, même s'ils ne s'expriment plus dans leur langue d'origine, le gaélique, se sentent tout de même Irlandais, et non pas Britanniques. Car l'essentiel d'une nation, ajoute-t-il, réside dans la mémoire vivante d'un peuple. Il relate ensuite un cas pathétique dont il a lui-même été témoin lors d'un voyage dans l'Ouest canadien. Dans une paroisse française et catholique, quelques centaines de métis, dont les ancêtres étaient d'origines française et amérindienne, assistaient à la messe dominicale. Ceux-ci ne parlaient plus le français vu la disparition des écoles et autres institutions à caractère français. Le curé les avait alors réunis après la messe pour les inciter à l'avenir à fréquenter l'Église catholique voisine puisqu'on y parlait anglais. L'un d'entre eux s'était alors levé pour protester : « We are French Canadians ». Il cherchait désespérément à se rallier à sa communauté passée, qu'il sentait encore sienne.

Si la perte de la langue peut rompre les attaches, conserver une langue commune ne suffit pas pour autant à soutenir une communauté nationale. Elle doit rayonner, être présente partout, des plus hautes sphères économiques jusqu'aux domaines des transactions journalières. Nous nous sentons d'ailleurs dépossédés lorsque notre langue n'a pas droit de cité ou est méprisée. C'est pourquoi il est important d'encourager l'utilisation de notre langue dans les commerces, au travail, dans la publicité, etc.

Bien que nous en fassions partie, par notre naissance et notre formation initiale, nous ne sommes pas nécessairement rivés à notre nation. Nous pouvons la quitter volontairement ou par nécessité. C'est ainsi qu'environ un million de francophones des régions agricoles du Québec ont émigré aux États-Unis pour devenir ouvriers dans des manufactures, entre 1830 et 1940. Leur sentiment national s'est graduellement émoussé et aujourd'hui, ils ont adopté la langue, la culture et la nationalité états-uniennes. Les visites à la parenté ont cessé avec les générations. Par ricochet, cela signifie qu'une même nation regroupe non seulement ceux ayant des ancêtres communs, mais aussi ceux qui, venus d'ailleurs, veulent partager cette histoire. C'est sur ce principe que se sont constituées les nations modernes, qui étaient à l'origine de simples regroupements de peuples divers vivant dans le même voisinage, auxquels se sont rajoutés des étrangers venus d'ailleurs à la faveur d'événements divers. Ainsi, tous ceux qui sont d'ici ou d'ailleurs et qui désirent partager notre héritage et travailler aux projets actuels de notre collectivité font partie de notre nation. Une adhésion est donc nécessaire, à la fois pour les natifs qui peuvent éventuellement émigrer et pour les immigrants qui doivent s'insérer au sein d'une nouvelle collectivité.

Il existe un autre groupement auquel nous appartenons et que nous découvrons différemment selon les circonstances, sans toujours le distinguer de la nation. C'est l'État, avec une majuscule, l'entité politique qui régit l'ensemble de la vie civile sur un territoire donné. Si vous décidiez d'émigrer vers un autre pays et d'y faire votre vie, vous auriez à rencontrer des représentants en la matière rapidement. Si vous commettiez un délit, vous en constateriez aussi l'existence.

Nous avons un rapport calculé avec l'État

L'**État** ou la communauté politique reflète un autre groupement important auquel nous appartenons. C'est l'entité qui nous régit par ses lois et règlements. Dans les sociétés démocratiques, elle prend le nom d'institution gardienne de nos droits et garante de notre qualité de citoyen. L'État doit également arbitrer nos conflits, assurer une certaine équité entre les citoyens et donner un accès égal à tous aux services d'intérêt général tels l'éducation, la santé et autres services jugés essentiels dans une société. Enfin, nous exigeons de l'État, avec un degré d'intensité variable selon les époques et les groupes, qu'il veille au contrôle de l'économie et qu'il promeuve le développement culturel en appuyant en particulier le travail des artistes et des intellectuels. D'une certaine façon, nous avons un rapport calculé avec l'État. Nous y adhérons de façon rationnelle parce que cela rapporte des dividendes, comme la sécurité en ville ou sur la route. Pour ces services ainsi que pour d'autres, nous sommes prêts à payer des taxes et des impôts en conséquence.

Si nous n'avons pas vécu un événement particulier nous ayant obligé tout jeune à avoir affaire à l'État (une demande d'immigration ou une infraction à la loi, par exemple), nous prenons alors conscience de l'existence de cette institution au même moment où nous découvrons la réalité politique de notre pays. Cette prise de conscience peut s'effectuer de diverses manières : voter pour la première fois, devoir s'enrôler dans l'armée à cause de la conscription ou être témoin d'un événement politique marquant comme le décès d'un premier ministre ou la chute d'un système politique. Ce premier événement enraye l'indifférence ressentie jusqu'alors face à la société et force l'individu à se prononcer en tant que citoyen.

Notre attachement à l'État peut, cependant, varier beaucoup. On peut même l'ignorer jusqu'à un certain point, si on oublie que nos conditions de vie dépendent en grande partie des mesures prises par cette grande organisation. Cependant, si j'avais dû m'enrôler dans l'armée, cette réalité de l'État m'aurait sans doute marqué immédiatement d'une façon indélébile. L'État se rapproche des citoyens qui ont besoin d'elle pour leur mieux-être, grâce à ses mesures sociales notamment, ou pour la survie de la nation. On établit ainsi des réalités distinctes, État et nation, mais non sans lien.

Dumont avance que l'État et la nation ont des rapports nécessaires et se soutiennent mutuellement. Par exemple, lorsqu'un État veille à la protection et au bien-être de ses citoyens, cela implique qu'il doit leur permettre de s'épanouir dans leur culture nationale. En effet, comment un État pourrait-il être perçu juste et équitable si la nationalité de ses membres ou d'une partie de ceux-ci était niée, voire pourfendue ? Inversement, comment l'État pourrait-il convaincre ses citoyens de participer à de grands projets s'il ne s'appuyait pas sur le sentiment qu'a la population de former une communauté ayant les qualités ou les vertus nécessaires aux chantiers projetés ? Nous constatons ainsi que nation et État gagnent à s'épauler mutuellement. C'est ce que les grands chefs d'État ont compris, et ils adressent souvent leurs discours non pas aux citoyens, mais à la Nation.

Le cas québécois

Abordons maintenant la situation de la nation francophone, majoritaire à un peu plus de 80 % dans la province de Québec mais ne représentant qu'un peu moins de 25 % de la population canadienne. Examinons les perceptions et les origines de celles-ci entre le Québec et le reste du Canada.

La première perception que je partage d'emblée avec plusieurs membres de la nation francophone habitant le Québec, est que notre communauté n'est pas reconnue par le reste du Canada. Le dernier événement majeur contribuant à cette négation de notre existence a été le refus par le Canada anglais en 1990 d'inscrire à la constitution canadienne une clause reconnaissant que le Québec était différent des neuf autres provinces puisque s'y concentre une communauté française avec ses institutions, sa langue et son patrimoine. On voulait y inscrire alors la notion de *société distincte*.

Cette rebuffade qui se poursuit peut s'expliquer, par ailleurs, à l'aide de deux séries de facteurs. En premier lieu, depuis les années 1980 dans le ROC (expression utilisée par les médias pour désigner les neuf autres provinces, ou *Rest Of Canada*), un sentiment national émerge qui leur est propre. Ce sentiment reflète trois croyances. D'abord que la beauté du Canada, outre les montagnes Rocheuses et les chutes Niagara, réside dans ce que chaque citoyen y est l'égal des autres et possède les mêmes droits (l'*égalité des individus*). On peut ainsi y combattre la discrimination sous toutes ses formes. Dans un tel contexte, une collectivité, comme le Québec, qui cherche à faire reconnaître son existence distincte devient automatiquement une menace pour la préservation de l'égalité des droits individuels entre Canadiens. C'est ainsi que des groupes féministes du ROC se sont opposés au projet d'accord constitutionnel de 1990, car ils craignaient qu'une telle clause ne porte préjudice à l'égalité des sexes au Canada. Cela explique pourquoi nous nous sentons parfois incompris, voire méprisés par le ROC, quand on sait, par ailleurs, que la province de Québec s'était dotée d'une Charte des droits et libertés, y incluant l'égalité des sexes, bien avant le Canada dans son ensemble.

En second lieu, la beauté du Canada, selon le ROC, provient du fait que toutes les provinces du pays sont égales, c'est-à-dire qu'elles affichent le même poids lors d'une décision engageant des modifications à la Constitution (l'*égalité des provinces*). Ainsi, une province comme l'Île-du-Prince-Édouard, dénombrant 0,5 % de la population canadienne, peut empêcher une autre province comme le Québec d'obtenir des garanties constitutionnelles afin de préserver l'avenir de sa nation. La province du Manitoba, représentant 15,7 % de la population du Québec, a usé de son droit lors de ce qu'on a appelé l'échec du Lac Meech qui visait la reconnaissance du caractère distinct du Québec. Cette égalité des provinces, belle thèse en théorie, (arme à double tranchant ?) s'avère, dans les faits, un autre frein à cette reconnaissance du Québec à titre de province dépositaire d'une culture française.

En troisième lieu, malgré quelques différences individuelles inhérentes, les habitants du ROC adhèrent à une vision du Canada comme étant une mosaïque de communautés culturelles (l'*égalité des ethnies*). Puisque nous sommes tous, indistinctement, des immigrants pour ce pays pratiquement neuf, il est normal que le Canada favorise les échanges culturels entre Canadiens de différentes origines en subventionnant les associations ethniques qui valorisent certains traits culturels. Mais pour les Québécois francophones, cette vision les réduit à une simple ethnie, comme il y en a des dizaines qui parsèment ce beau pays aux multiples folklores et aux mille couleurs.

Cette vision du Canada, pays de l'égalité des individus, des provinces et des ethnies, s'est développée graduellement depuis 1982, dans la tête et le cœur des *Canadians* suite à des modifications à la constitution du pays, notamment l'insertion d'une Charte des droits, des pouvoirs accrus aux provinces sur toute modification ultérieure de cette même constitution et l'inscription du multiculturalisme, la mosaïque des ethnies décrite précédemment. Dans un tel contexte, on comprend que le gouvernement de la province de Québec n'a jamais voulu signer ce nouvel arrangement constitutionnel. Nous en sommes toujours là au début du troisième millénaire.

Nous pourrions nous féliciter de ce que les habitants du Canada commencent à s'attribuer une identité propre, car une communauté ne peut maintenir une cohésion entre ses membres sans cela. Autrefois, puisqu'une majorité d'immigrants provenaient des États-Unis et qu'ils partageaient avec eux une langue commune, tous ces « Anglais » proclamaient paradoxalement que leur différence résidait justement dans la présence d'une minorité française sur leur territoire. Suite à l'Acte constitutionnel de 1982 et la nouvelle vision du Canada qui s'ensuivit, cela a semblé de moins en moins nécessaire. Cette vision ne distingue cependant pas encore clairement l'État de la nation, et la confusion est à son comble lorsque les représentants politiques du Canada affirment haut et fort et de plus en plus fréquemment qu'il existe une seule nation au Canada. Ceci représente la négation totale de l'existence d'une communauté francophone concentrée au Québec. C'est pourquoi le Québec refuse d'adhérer à la nouvelle constitution canadienne, quoiqu'il soit sollicité à en faire partie par le reste du Canada.

Cette nouvelle vision empêche le ROC de comprendre la réalité du Québec. C'est sous cette perspective qu'il ne faut pas s'étonner de propos *irrelevant*, pour reprendre une expression anglaise difficilement traduisible, ou sans rapport, selon notre point de vue, de leurs représentants. Ils sont convaincus que le Québec ne peut accéder à des demandes particulières sauf si cela touche aussi les autres provinces. De plus, le Québec est perçu, d'abord et avant tout, comme étant composé de multiples groupes ethniques qui n'ont qu'à parler anglais pour s'insérer harmonieusement dans ce pays; enfin, les *Canadians* se méfient de gens qui réclament des droits collectifs tel le maintien de la nationalité francophone, alors qu'il ne doit y avoir que des droits individuels entre les citoyens de ce pays.

Dumont rappelle, en outre, que la naissance de l'État canadien en 1867 n'a pas eu lieu dans l'exaltation, n'a pas connu de naissance grandiose, fruit d'un consensus populaire ou d'un acte fondateur admirable que l'on pourrait célébrer à chaque année, comme en ont connu de nombreux autres pays. L'État canadien fut plutôt le résultat d'une entente entre hommes d'affaires, par politiciens interposés, pour développer un chemin de fer qui unirait la grande étendue convoitée. Les Anglais, dominant alors cette contrée, avaient cherché précédemment mais sans succès à assimiler la population francophone. En créant le Canada, les Anglais réussissaient tout de même à alléger le poids politique de cette nation en faisant du lieu où ils se concentraient, une province. Les provinces, dans la Constitution, se voyaient octroyer certains pouvoirs exclusifs mais limités à des questions locales et de peu d'importance à la fin du 19ᵉ siècle, notamment l'éducation, la santé et les municipalités de son territoire. Malgré ces limitations, le *British North American Act*, la constitution créant le Canada, était assorti de garanties constitutionnelles sur le caractère confessionnel des écoles, protestantes pour les Canadiens anglais et catholiques pour les Canadiens français. Cela peut expliquer, entre autres choses, que l'État canadien fut perçu, lors de sa fondation, comme l'a rappelé le *Rapport de la Commission sur l'avenir politique et constitutionnel du Québec* (Gouvernement du Québec, 1991), tel un pacte entre deux peuples ou deux nations qui ne pouvait être modifié sans l'accord des deux parties. On comprend encore mieux la raison du refus du gouvernement du Québec de signer l'Acte constitutionnel de 1982.

S'il y a des rapports nécessaires de soutien entre État et nation, cet acte constitutionnel de 1982 montre que l'État canadien non seulement ne soutient pas la nation francophone mais nie de surcroît son existence même. C'est pourquoi Dumont conçoit que la seule solution pour la survie et l'épanouissement de cette « toute petite population française » sur un continent anglophone, c'est l'avènement d'un État souverain au Québec. Il précise : « L'appui d'une communauté politique spécifique est d'une aveuglante nécessité[1]. » Lorsqu'un État ne reconnaît pas une nation sur son territoire et l'empêche de se construire dans le présent, il y a un problème politique grave, un problème que vivent les francophones du Québec à l'aube du 21ᵉ siècle, à l'intérieur du Canada.

Fernand Dumont, en scientifique rigoureux, nuance toutefois sa prise de position lorsqu'il observe que « le Québec n'est pas une nation[2]. » Sur son territoire, la nation francophone cœxiste avec les anglophones, les allophones (immigrants reçus) et les autochtones. Ces derniers ne s'identifient pas, pour la plupart, et c'est leur plein droit, à la nation francophone du Québec, même si elle représente 83 % de la population. La nation francophone, de plus, a des ramifications dans d'autres provinces même si le lien est ténu à cause de l'assimilation galopante de la langue anglaise, sauf peut-être aux frontières du Québec.

Il faut donc exclure, ajoute le sociologue, d'identifier État, serait-il souverain, et nation au Québec. Nous nierions alors l'existence des minorités mentionnées, comme le Canada nie l'existence de notre nation. Il y aurait dans cette non-reconnaissance un danger d'intolérance et de repli sur soi, nuisible à la vitalité d'une nation moderne. Pour cette même raison, une nation doit éviter de s'identifier à un parti. C'est pourquoi les référendums sont la voie privilégiée pour les peuples qui veulent se prononcer sur leur avenir politique au-delà de l'existence d'un ou de partis sécessionnistes.

Par conséquent, la nation, cette référence commune que partage une collectivité, n'exclut pas une pluralité d'options et de tendances en son sein. C'est en reconnaissant cela que la démocratie est possible et compatible avec une lutte nationale. Nous pouvons ensuite espérer que, si une nation française s'affirme dans sa différence, ose se prendre en main, maintient ses qualités démocratiques et s'ouvre aux apports des autres groupes, elle puisse développer une puissance

1. DUMONT, Fernand. *Raisons communes,* Montréal, Boréal, coll. « Papiers collés », 1995, p. 60.

2. DUMONT, Fernand. *op. cit.,* p. 55.

d'attraction, inconnue jusqu'ici, qui rallierait les communautés minoritaires de son territoire.

Dumont, s'adressant au Canada anglais, affirme qu'une rupture entre le Québec et le Canada serait somme toute positive pour les deux partis. Il n'est d'ailleurs pas le premier souverainiste à entrevoir les choses de cette façon. Dumont argumente que les peuples anglais et français ont été jusqu'à récemment plutôt indifférents l'un envers l'autre, chacun vivant dans des sociétés parallèles et possédant des institutions et des valeurs nettement distinguables. Les uns se tournaient vers la France à titre de référence, les autres vers l'Angleterre, se rapprochant seulement à l'occasion lorsque les États-Unis devenaient trop impérialistes ou que nos élites profitaient d'un intérêt passager. Nous n'avons donc pas mis grand-chose ensemble pour établir une fibre commune. Nous n'avons pas cessé d'ailleurs d'interpréter différemment les agissements de l'autre parce que nos jugements ne provenaient pas d'une même réalité vécue. Dumont ira même jusqu'à leur dire qu'ils n'ont jamais été de bons partenaires, puisque nous souffrons toujours de ne pas être autonomes. Quant à vous, leur rappelle-t-il, vous venez à peine de vous découvrir des traits qui pourraient vous constituer en nation et le Québec ne s'y retrouve pas. Et il conclut : « N'est-ce pas en poursuivant, chacun de notre côté, cette reconnaissance de soi que nos deux peuples parviendront à une nouvelle alliance[3] ? »

L'observation de la situation politique canadienne confirme presque à chaque jour l'évolution à sens contraires des deux peuples fondateurs du Canada, surtout dans les discours des politiciens de l'État canadien, qui utilisent des expressions comme le peuple, la nation ou la culture canadienne. Le singulier employé pour chacune de ces expressions gomme toute différence nationale; il en est de même pour l'égalité des provinces ou la suprématie des droits individuels sur toute affirmation collective. Nous nous tenons ainsi sur la défensive et nous cessons d'évoluer. L'ouverture aux autres est d'autant plus certaine et durable si nous sommes sûrs de nous-mêmes et maîtres de nos destinées.

---

3. DUMONT, Fernand. *op. cit.*, p. 73.

Revenons aux membres de la nation francophone, concentrés pour le plus grand nombre sur le territoire de la province de Québec, l'une des dix provinces de la fédération canadienne. Devraient-ils s'en détacher pour se maintenir et progresser à travers leur culture nationale propre ? C'est cette question que posaient, fondamentalement, les référendums de 1980 et de 1995 au Québec. Le dernier référendum a donné un résultat presque égal entre le maintien du Québec dans le Canada et le choix de sa souveraineté politique. Ce résultat serré, à la faveur du maintien du lien fédéral, à quelques centièmes de pour cent, occultait qu'environ 60 % des francophones avaient voté pour la souveraineté alors que les 20 % de non-francophones, en presque totalité, s'étaient prononcés contre le détachement du Québec du reste du Canada.

Les partisans majoritaires pour le Non en 1995, outre les Québécois d'origine britannique et les Amérindiens, étaient des immigrants reçus ou des descendants d'immigrants récents. Si vous étiez l'un d'entre eux, sentiriez-vous tout naturellement que vous êtes un membre de la nation francophone du Québec ? Pas nécessairement. Pour ce faire, il faudrait vous ouvrir à l'histoire, à la langue, à la culture, aux valeurs et aux traditions québécoises. Mais il faut surtout que cet apprentissage ou cette adaptation soient motivés par un profond désir qui aille au-delà de la simple acceptation.

N'oublions pas que ceux ayant fui des situations politiques difficiles ou catastrophiques et qui espéraient, en arrivant au Canada, être enfin à l'abri de l'instabilité et des conflits majeurs, sont aussi ceux qui craignent une transformation politique majeure. La souveraineté modifierait le contexte de leur choix premier : venir au Canada pour s'y établir et y mener une vie paisible remplie d'avenir pour leurs enfants.

Cependant, sachant que le 20 % de l'électorat composé d'anglophones et d'allophones au Québec votent presque unanimement pour rester dans le Canada, cela devrait nous convaincre qu'une simple majorité est bien suffisante à un référendum éventuel pour sortir du Canada. Elle signifierait que plus de 60 % des francophones auraient appuyé la souveraineté politique du Québec. Serait alors démontrée la force tranquille d'un peuple qui se prend démocratiquement en main, ce qui modifierait les attitudes des autres, anglophones et allophones.

Pour terminer, revenons à Fernand Dumont, cet illustre penseur québécois, qui a déclaré à plusieurs reprises que s'il n'était pas né francophone au Québec, il ne serait pas devenu nationaliste car le nationalisme (qui n'est pas, comme voudraient le faire croire les tenants du *statu quo*, le spectre du nazisme) n'est pas exempt d'errements et de chauvinisme. Il peut conduire à n'entrevoir les problèmes et les solutions pour une société que sous cet angle. C'est pourquoi ce sociologue québécois prend la peine de spécifier qu'il faut ériger une communauté politique au Québec mais pas un État-nation. « Pour l'heure, écrit-il, nous consentons à être nationalistes afin qu'un jour il nous soit possible d'être simplement d'une nation sans nous empêtrer constamment dans des tractations susceptibles de nous faire reconnaître comme *société distincte*. »

4. DUMONT, Fernand. *op. cit.*, p. 90.

QUESTIONS SUR LE CHAPITRE 7

Question 1
Qu'est-ce qui caractérise, selon FERNAND DUMONT, sociologue québécois,

→ une nation (peuple ou communauté nationale)? Identifiez *trois* caractéristiques.

→ un État (communauté politique)? Identifiez *trois* caractéristiques.

Quel genre de rapport devrait s'établir entre ces deux entités? (Une phrase suffit.)

Question 2
Si quelqu'un vous demande pourquoi le gouvernement du Québec n'a pas signé en 1982 les modifications apportées à la Constitution canadienne, précisez deux raisons de ce refus. Basez-vous sur les conséquences appréhendées de deux des trois affirmations d'égalité contenues dans les modifications.

CHAPITRE 8

NOS RÉACTIONS EN SITUATION DE DOMINATION

L'étude des situations de dépendance et d'oppression

Comprendre nos réactions selon certaines circonstances permet d'accéder à une meilleure connaissance de nous-mêmes. Cela est possible en examinant des situations qui sont également vécues par nos semblables, voire des dizaines, des centaines, des milliers d'autres et même davantage dans certaines situations. Il en est ainsi des situations d'**oppression**, lorsqu'un groupe d'êtres humains vit sous la domination d'un autre groupe. De nombreux pays ont connu la **colonisation** au cours des cinq derniers siècles, suite notamment à la prise de pouvoir par des Européens de territoires situés en Amérique, en Afrique et en Asie. Dans tous ces pays, les gens dominés se sont retrouvés en situation d'oppression face au peuple conquérant. L'étude de leurs réactions les uns par rapport aux autres dans ces situations extrêmes éclaire non seulement celles-ci, mais nous renseigne sur d'autres situations où nous nous trouvons parfois dans un rapport de force ou de faiblesse face à quelqu'un ou à un groupe de personnes. Il est possible d'approfondir ces réactions, et d'en dégager ainsi des considérations utiles lorsque vient le temps de comprendre nos propres façons d'agir dans certaines circonstances. Car les positions de dominant ou de dominé ne sont pas uniquement les attributs d'un peuple asservi, et elles existent à divers degrés selon l'âge, le sexe, la langue maternelle, l'ethnie, la religion ou autres *caractéristiques sociales* propres à notre personne.

ALBERT MEMMI (1920-), un intellectuel juif et tunisien, a suscité beaucoup d'intérêt auprès des chercheurs en sciences humaines et des sociologues grâce à ses réflexions pénétrantes au sujet de nos réactions lorsque nous faisons partie d'un groupe d'humains vivant une situation de domination, que nous soyons du côté des dominants ou des dominés. Sa première étude portait sur ce sujet et esquissait les portraits des protagonistes d'une situation d'oppression qu'il vivait lui-même en tant que Tunisien soumis à la colonisation française. Sa situation dans ce pays était mixte et complexe vu son statut de Juif, faisant de lui à la fois un dominé face aux Français et un dominant face aux Tunisiens arabes. C'est cette situation particulière qui lui a permis de saisir les deux facettes de la colonisation. Il a par la suite dressé un portrait spécifique de l'oppression juive, suivi d'une esquisse plus générale ayant trait à la vie d'un individu appartenant à un groupe soumis à la domination d'un autre groupe. Cette réflexion l'a amené subséquemment à s'intéresser à la question du racisme. Il découvrit, grâce à l'étude des situations d'oppression, que le groupe dominant en vient inévitablement à devoir justifier sa position. Pour ce faire, il rabaisse le groupe dominé, en montrant plus ou moins subtilement qu'ils sont tous, sans exception, des incapables et des tarés de naissance.

L'œuvre majeure de Memmi s'intitule *Portrait du colonisé* précédé de *Portrait du colonisateur*. Examinons ensemble ces portraits afin d'établir les réactions initiales que nous pouvons manifester plus généralement en situation d'oppression. Le **colonisé** est d'abord membre d'un peuple qui, sur son propre territoire, subit la domination de représentants d'un peuple étranger, les **colonisateurs**. Ces derniers administrent et dirigent la colonie avec tous les moyens nécessaires, y compris la force, au nom de leur métropole, soit le pays conquérant dont ils sont ressortissants et mandataires. Le colonisateur obtient des faveurs nombreuses et des avantages extrêmement intéressants qui se concrétisent pour l'élite dirigeante sous la forme de riches émoluments, de maisons somptueuses et de domestiques nombreux. Le colonisateur justifie sa situation privilégiée en alléguant le sacrifice qu'il s'est imposé en acceptant de s'expatrier dans un milieu ingrat et hostile au sein duquel il doit œuvrer.

DÉFINITIONS

OPPRESSION
Domination exercée par un groupe sur un autre.

COLONISATION
Forme d'oppression politique, économique et culturelle d'une population indigène par des conquérants étrangers sur son territoire.

COLONISÉ
Membre de la population indigène soumis à la domination étrangère.

COLONISATEUR
Membre des conquérants étrangers à la gouverne d'un territoire annexé à sa métropole.

Memmi décrit le colonisé et trace son portrait. Son peuple est sous la férule de représentants étrangers et il se retrouve donc dans une situation d'oppression. Son économie est aux mains d'une métropole étrangère et ses possibilités d'action, de façon générale, dépendent du bon vouloir du colonisateur. Nous pourrions croire qu'une telle emprise ne peut générer que de la haine de la part du colonisé envers le colonisateur. Or, la réaction à une situation de domination s'avère plus complexe. Le colonisé, en effet, admire et méprise le colonisateur tout à la fois, car il existe deux réactions possibles en situation de domination.

Le dominé qui veut devenir dominant

Une *première réaction* chez le colonisé, et celle de tout dominé, est de vouloir s'en sortir, en s'assimilant à l'autre, c'est-à-dire au dominant. Devenir l'autre, c'est obtenir les pouvoirs, les privilèges et le prestige du dominant. Qu'on songe aux aspirations à vouloir vivre comme ces gens qui font partie de l'élite économique, sportive, politique ou autre. Pour le colonisé, vouloir s'assimiler signifie trouver le moyen de se faire accepter par les colonisateurs comme l'un des leurs. Il modifie ainsi son habillement, adopte ses habitudes, maîtrise sa langue, fréquente les mêmes écoles, etc. Le style de vie du colonisateur semble effectivement enviable et le colonisé se demande bien ce qui l'empêche, lui, de faire pareil. Ce désir d'intégration et d'acceptation est si puissant qu'il peut mener certaines personnes à vouloir blanchir leur peau ou épouser une personne du groupe dominant. Elles cherchent à faire oublier leur différence en s'identifiant à l'Autre, à tout prix.

En cherchant par tous les moyens à devenir Autre, le colonisé dénigre sa propre personne et renie ce qu'il est depuis sa naissance. Son passé et ses origines lui apparaissent alors honteux, et il rejette instinctivement tout ce qui est normalement digne de fierté, d'intérêt ou de considération attendrie. Il tente de se dissocier coûte que coûte des tares présumées du colonisé, signalées par le colonisateur, afin de prouver qu'il n'appartient plus à ce groupe. Le *colonisé qui se refuse* devient alors un être complexé qui regrette son existence préalable car elle a engendré sa domination. Memmi ajoute que, dans certains contextes, un Noir peut manifester du racisme envers les nègres, et un Juif, devenir antisémite. Dans un autre écrit, Memmi s'attardera au problème des femmes dominées qui voudraient être des hommes.

Memmi constate que cette quête de devenir autre est vaine. Le candidat à l'assimilation est prêt à tous les sacrifices, mais il se heurte au dominant qui refuse son intégration. Le dominant ne manque pas de bonne volonté, même s'il prend un malin plaisir à rappeler au candidat ses origines. C'est la situation même qui crée cette domination (la colonisation, en l'occurrence) et qui conduit à un refus. Le colonisé qui se nie croit pouvoir accéder à l'autre camp et il oublie ou ignore que ce qu'il admire chez l'autre ne représente pas une qualité supérieure qu'il est possible d'acquérir, mais provient du fait objectif qu'il exploite son peuple. Les privilèges du colonisateur (son aisance, son influence, son luxe) n'ont qu'une origine : les profits exorbitants pris à même le labeur sous-payé des colonisés. Or, un colonisateur pourrait difficilement conserver cet avantage et le justifier, si un colonisé y avait droit aussi, car le colonisateur partagerait ses privilèges. Et du moment où il y a partage, il n'y a plus de domination. Le candidat à l'assimilation n'a pas saisi cette réalité et sa quête est vouée à l'échec. En tant que membre du peuple soumis, il n'est pas et ne sera jamais du côté du dominant car, malgré les efforts inouïs déployés pour changer de statut, le colonisateur remarquera toujours l'accent, les manières de faire, la tournure d'esprit ou la couleur de la peau qui caractérisent son peuple.

Le dominé qui veut renverser la vapeur

Le colonisé comprend enfin que sa tentative d'emprunter une autre peau est vaine. Il ne peut être aveuglé indéfiniment par l'espoir de passer définitivement dans le camp du colonisateur. Un jour, il constate que c'est lui-même et ses semblables qu'il rejette avec mépris. Cette prise de conscience du colonisé l'incite à faire volte-face. Il s'oriente maintenant à l'inverse et voit son peuple magnifié. Selon le terme de Memmi, il oppose désormais un « contre-mythe » au mythe qu'il entretenait à propos du colonisateur admirable et tout-puissant dont il voulait être la copie conforme. Ce contre-mythe déifie le colonisé, qui devient maintenant pur et sans tache et dont les us et coutumes sont quasi sacrés, intouchables.

La *deuxième réaction* du colonisé est donc la révolte et l'opposition systématique au colonisateur. Le colonisateur est mauvais et le colonisé est bon, sans nuance. Une marque tangible de ce revirement chez le colonisé qui se niait est celle de son retour à la religion de son peuple dont il s'était pourtant éloigné telle une superstition encombrante.

Cela dit, le *colonisé qui s'accepte* ne peut se détacher complètement du colonisateur, auquel il continue malgré lui à s'identifier. Les habitudes prises en côtoyant régulièrement l'Autre, dans son effort précédent d'assimilation, sont difficiles à oublier. C'est ainsi que, de façon inusitée, le colonisé revendique dans sa révolte la libération de son peuple au nom de valeurs chères au colonisateur telles que la démocratie et la liberté. C'est d'ailleurs le seul langage que le colonisateur entend, même s'il ne peut y donner suite sans se nier lui-même et les privilèges qu'il s'est octroyé.

Memmi prédisait dans les années 1950 que ce paradoxe du colonisé, qui nie le colonisateur tout en revendiquant au nom de ses valeurs, ne se résoudrait que suite à la libération complète de son peuple de la domination étrangère. Dans les années subséquentes, cette prédiction s'avérera juste puisqu'une longue série de peuples colonisés mèneront des luttes de libération nationale et deviendront des pays indépendants.

Le dominant qui sympathise

Dans ses réflexions sur la colonisation, Memmi analyse les réactions du colonisé et il scrute également celles du colonisateur ou du groupe dominant. Or, aussi surprenant cela soit-il, il a rencontré dans ce groupe des personnes qui sympathisaient avec les colonisés, qui désiraient que cesse l'exploitation. Ces gens étaient souvent nouvellement arrivés ou des intellectuels dits de gauche qui, en principe, aiment à promouvoir les valeurs d'égalité et de justice.

Ainsi, une *première réaction* notée chez les dominants est celle du *colonisateur qui se refuse* dans ce rôle. Cette réaction est sans doute minoritaire, car la colonisation ne serait pas viable s'il y avait une déficience au niveau de la masse critique qui maintient ses structures. Ce colonisateur pas-comme-les-autres se voit rapidement isolé des siens s'il refuse son rôle. Ses états d'âme, bien qu'ils soient compréhensibles au départ lorsque confronté à la misère ambiante des colonisés, ne sont pas de mise à long terme. Il doit se rationaliser et se convaincre que cette misère serait pire sans la venue salvatrice des colonisateurs et de leur civilisation nettement plus avancée. S'il s'obstine à croire que la colonisation est mauvaise, on lui démontrera que sa situation privilégiée est due au groupe colonisateur et on l'incitera à retourner dans la métropole si le malaise persiste. Ses pairs finiront enfin par lui faire la vie dure s'il décide de rester en colonie malgré tout, car il est maintenant un traître.

Le colonisateur, du moment qu'il est du côté des exploités ou des dominés, appréhende et accepte cette animosité, voire cette agressivité des siens. Cette volonté d'accéder à l'autre côté le pousse à accepter des pratiques et des croyances chez les colonisés qu'il aurait répudiées autrement. Curieusement, il porte atteinte à ses convictions personnelles antérieures, croyant ainsi être accepté de ceux dont il a épousé la cause. S'il est un transfuge pour les siens, il espère de cette façon être accueilli en ami indéfectible par les colonisés. Or, Memmi précise que cela est impossible.

Des privilèges qui empêchent les colonisés de se reprendre en main, de se libérer de l'oppression, sont conférés au colonisateur. Tous les colonisateurs profitent du système colonial, et la bienveillance de la police à leur égard et l'emprise qu'ils exercent sur le système judiciaire appuient l'oppression. Le colonisateur qui se refuse en espérant que les colonisés l'accueilleront et l'accepteront parmi eux constate, tôt ou tard, que ses tentatives sont sans espoir. Aux yeux des colonisés, il symbolise une oppression dont il profite parfois malgré lui. Par conséquent, peu d'avenues s'ouvrent au colonisateur qui se refuse : il peut se taire puisqu'il représentera toujours une force politique négligeable d'un côté comme de l'autre, il peut quitter la colonie si la situation lui devient trop pénible, ou, enfin, en arriver à comprendre que les siens ont peut-être raison de s'accepter dans ce rôle de dominant.

Le dominant qui s'accepte

La *deuxième réaction* la plus répandue et la plus « naturelle » est celle du *colonisateur qui s'accepte*. Il se sait privilégié parce que le peuple sous sa gouverne est soumis à son pays, à son économie, à son armée, à sa police. C'est pourquoi les bienfaits de la colonie lui profitent au premier chef. Il sait qu'il est un usurpateur, n'ayant pas été élu à la tête du pays par la population locale. Accaparer ainsi les biens de l'Autre n'est pas sans susciter quelques problèmes de conscience, d'où sa volonté de justifier sa présence et sa domination en essayant de prouver leur supériorité. Pour Memmi, le colonisateur qui s'accepte fait face à deux choix de démarches qui ne s'excluent pas mutuellement.

Dans la première démarche, le colonisateur qui s'accepte dans son rôle d'usurpateur insiste sur les mérites que la civilisation de son pays apporte, par son entremise, au peuple sous sa gouverne. Il vante tous les immenses progrès dans la colonie grâce à sa présence. À la limite, il suggère que c'est à peine croyable que ce peuple ait pu survivre si longtemps sans ses bienfaits, ce qui justifie amplement, à ses yeux, ses privilèges. Dans la deuxième démarche, l'usurpateur insiste cette fois sur les carences de l'« usurpé ». Selon lui, le colonisé possède de nombreux défauts, dont la paresse, la fourberie, la grossièreté, le manque de retenue, etc. Pour peu, son extermination serait une bénédiction, mais le colonisateur éprouve des scrupules, sachant qu'il ne peut dominer l'Autre (qui, au passage, lui fournit la main-d'œuvre) s'il n'existe pas.

Le racisme du dominant

Memmi s'intéresse à un autre aspect fondamental de la relation colonisateur-colonisé, ou de la relation dominant-dominé, qu'il recense dans un écrit intitulé *Le Racisme*. Aux yeux du colonisateur, le colonisé est carencé dans son être même. Il lui manque le nécessaire pour devenir un être humain civilisé, responsable et autonome. Tous les colonisés sont ainsi puisqu'il s'agit d'une tare congénitale. Le dominant se croit donc supérieur, et il juge les colonisés inférieurs car ils possèdent des différences biologiques frappantes, incontestables, qui expliquent leur infériorité. Memmi explique ainsi ce *racisme colonial* :

> Le raciste, au sens strict, est celui qui affirme vigoureusement l'existence de différences biologiques : couleur de la peau, forme du nez, dimensions du crâne, courbure du dos, odeur, composition du sang ou même manière de se tenir, de marcher, de regarder… On a tout entendu. Pour le raciste, ce sont là des évidences[1].

---

1. MEMMI, Albert. *Le Racisme*, Paris, Gallimard, 1982, p. 94.

L'argumentation du raciste, du dominant ou du colonisateur s'appuie sur une ou quelques différences entre lui et les autres. Ces différences sont réelles et tangibles, comme la couleur de la peau, ou imaginaires, comme le nez long et crochu des Juifs. Fort d'une ou de plusieurs de ces différences proclamées, le raciste appose son sceau sur l'être dominé et ennoblit l'être dominant. Il croit sa position privilégiée juste et équitable puis s'attaque sans crainte à l'être dominé, tout comme il s'attaque sans merci ni pitié à un animal. C'est normal, car l'être dominé est perçu telle une race inférieure.

La boucle est ainsi bouclée. On est supérieur simplement par notre race blanche ou notre race aryenne, ce qui nous donne le droit de dominer ou d'exterminer. Si le Blanc est de race supérieure, les autres races ne peuvent être qu'inférieures. C'est aussi simple que cela. Regardez, dit le raciste, qui a colonisé le monde ? C'est le Blanc européen. C'est donc qu'il portait dans ses gènes quelque chose qui le rendait supérieur aux autres, ce qui sous-entend que le biologique détermine le psychologique, le moral, l'intelligence et ainsi de suite. Tout cela va de soi pour le raciste. Aucune preuve scientifique requise.

Dans son livre portant sur le racisme, Memmi réfute les prétentions des racistes. D'abord, les scientifiques ont démontré qu'il n'existe aucune race pure, mais plutôt des concentrations géographiques plus compactes de certains traits, une répartition nommée « effet de spectre ». Par exemple, il y a une forte majorité de gens à la chevelure blonde au Danemark, mais cela n'empêche en rien le fait qu'il existe aussi des Italiens blonds. C'est une question de nuance et non de rupture complète puisqu'un groupe ne se distingue pas radicalement d'un autre. Ces nuances sont, par exemple, des dégradés en matière de la pigmentation de la peau, personne ne pouvant établir où s'arrête le blanc et où commence le noir. « Bref, répétons-le, souligne Memmi, *il est impossible de faire coïncider un groupe social avec une figure biologique*[2]. » Et le pourrait-on ? Quel droit ou quel raisonnement permet qu'une différence physique abaisse les uns au détriment des autres et que cette différence a nécessairement des

2. MEMMI, Albert. *op. cit.*, p. 19.

répercussions sur le plan psychologique d'un individu, sa moralité, ses habiletés ou que sais-je encore ?

Il faut donc outrepasser les préoccupations purement spécula- tives des groupes dominants à découvrir chez les dominés des traits qui expliqueraient leur infériorité. Cette insistance sur la différence de l'autre réside dans leur intérêt immédiat à s'octroyer un droit, un privilège ou la garantie qu'ils soient maintenus à leur place. En d'autres mots, ils sont racistes parce qu'ils en profitent et non pour le plaisir de découvrir des différences. Ce profit que recherche le domi- nant en situation coloniale, Memmi l'applique aussi à la situation des Juifs-non-Juifs, des Noirs-Blancs, des ouvriers-patrons, des femmes- hommes et des domestiques-maîtres. On maintient l'autre en état de soumission. Le dominant conserve ainsi ses privilèges comme s'ils lui étaient dus de naissance.

DÉFINITION

RACISME
Valorisation, généralisée et définitive, de différences, réelles ou ima- ginaires, au profit de l'accusateur et au détriment de la victime, afin de justifier une agression ou un privilège (Albert Memmi, *Le Racisme*, Paris, Gallimard, p. 98).

Reprenons les réactions observées en situation de domination. Les deux réactions possibles et constatées chez le colonisé sont celle du refus et de l'assimilation ainsi que celle de l'acceptation et de l'opposition au groupe dominant. Dans une étude subséquente, Memmi examine si de telles réactions contraires étaient présentes dans des situations d'oppression autre que la situation coloniale.

L'Homme dominé propose un début de réponse qui tient compte des caractéristiques communes qui seraient le propre des opprimés. Un *opprimé* est membre d'un groupe dont on abuse et qui se trouve dans une situation de dépendance par rapport à un autre groupe. Memmi expose dans ce livre les cas des Noirs états-uniens, des colo- nisés, des prolétaires, des Juifs, des femmes et des domestiques. En observant chacun de ces groupes, il tente de cerner ces deux réactions typiques : refus de soi ou acceptation de soi. Il suppose qu'une situation de domination, quelle qu'elle soit, engendre des sentiments mêlés d'admiration et de révolte chez l'opprimé.

Son premier exemple aborde la destinée des Noirs aux États-Unis. Il observe deux réactions suscitées par leur situation de dominés, et personnifiées par deux leaders qui ont marqué les revendications de ce groupe. D'abord, celle du pasteur MARTIN LUTHER KING (1929-1968), qui voulait abolir la ségrégation raciale entre Noirs et Blancs, espérant qu'un jour, on oublierait la couleur de la peau des États-uniens. Les démarches de Martin Luther King correspondent au mythe de fusion avec le Blanc dominant, un rêve où l'États-unien devient un métis indifférencié. À l'opposé, MALCOM X (1925-1965) se révolte contre la culture blanche et établit un contre-mythe, celui du Noir seul pour s'en sortir, quitte à fourbir ses armes. Il se convertit d'ailleurs à l'islam, qui proclame que les anges et Dieu sont noirs, et il ajoute que le Noir est à l'origine de toute civilisation. Memmi dégage dans la situation états-unienne entre Blancs et Noirs les deux mêmes réactions rencontrées en situation coloniale face à l'oppression, celle du dominé qui se refuse et voudrait s'assimiler à l'Autre, au Blanc en l'occurrence, et celle du dominé qui accepte sa différence et ne reconnaît pas la légitimité du Blanc. Il en conclut qu'il craint pour les États-Unis devant l'impossibilité du Noir de continuer indéfiniment d'accepter d'être un citoyen de seconde zone. C'est à suivre puisque cette question est toujours d'actualité.

Sa deuxième analyse porte sur la situation vécue par le Juif. Il emploie un « prototype » de la vie et des enseignements d'un Juif célèbre, SIGMUND FREUD (1856-1939), père de la psychanalyse. Freud prétend, dans un premier temps, qu'il faut rejeter la religion juive comme ciment qui lie les Juifs entre eux pour que ceux-ci entrent de plein pied dans la cité moderne, laïque. On peut discerner un refus de soi pour le Juif qui aspire à devenir autre, un non-Juif, à la limite. Cependant, du même souffle, Memmi souligne des propos de Freud qu'il ne faut pas renier la tradition juive, son don à l'humanité, entre autres, de grands intellectuels dans divers domaines tels Durkheim en sociologie, Marx en philosophie, lui-même en psychanalyse, etc. Il vise plutôt l'aspect acceptation de soi présenté par

Freud. Cette acceptation doit aussi être critique de ces mêmes traditions pour ne pas sombrer dans le passé et rater une véritable libération du Juif. Il en est de même pour tout autre être humain qui se cantonnerait dans le passé.

Le prolétaire est le sujet de sa troisième analyse. L'auteur examine un fait rare, une ouvrière qui a écrit un livre décrivant sa situation vécue. Elle avoue d'abord son admiration pour ses patrons bien mis et bien en santé. Elle croyait, au départ, que ces derniers, des chrétiens comme elle, allaient comprendre la nécessité de remédier à la situation pénible des ouvriers, si on leur expliquait le problème adéquatement. Quand elle a obtenu un rendez-vous avec l'un de ses patrons, c'est alors qu'elle fut désenchantée et comprit que leurs intérêts étaient différents. Le patron lui rappelle qu'il est là pour faire des profits, point à la ligne, et la naïveté de son employée le rend même agressif. Par la suite, elle luttera autrement pour l'amélioration du sort des siens en travaillant à la syndicalisation de l'entreprise. Malheureusement, cela ira jusqu'au licenciement, puis à une réembauche avec perte des acquis antérieurs. Elle quittera définitivement son travail et changera de vie, ses études antérieures lui permettant, entre autres, d'écrire le livre que cite Memmi. On remarque dans cette situation d'oppression, nommément la condition ouvrière, les deux réactions possibles. La première, on s'en remet aux patrons qui seraient finalement du monde comme les autres, mais mal informés des conditions qu'ils font subir à d'autres. On pourrait devenir patron, pourquoi pas, grâce à des études ou en gagnant à la loto. On s'identifie alors à l'autre en niant sa différence. La seconde réside dans la réaction d'opposition ou de révolte qui pousse des ouvriers à lutter contre le droit que certains se sont arrogés d'en exploiter d'autres car ils possèdent machinerie, usines, capital, etc.

Puis, dans un autre registre, Memmi aborde la condition féminine dominée et les réactions possibles. Là aussi, la première réaction détectée est celle de se nier en tant que femme, du moins pour certains aspects essentiels. C'est ce qu'il souligne de la biographie de la plus célèbre féministe au monde, Simone de Beauvoir. Il relève chez elle, comme chez tout opprimé, une part de refus de soi, qui pose problème à la longue, tout comme chez le colonisé. Dans son cas, elle s'est refusée la maternité et une vie de couple et d'amante en ne cohabitant pas avec son compagnon tout aussi célèbre qu'elle, le philosophe JEAN-PAUL SARTRE. Or, ne pas se refuser comme femme, selon l'auteur, représente pour la grande majorité des femmes une vie sexuelle avec un conjoint et l'enfantement, condition spécifique à la femme. Il conclut : « Simone de Beauvoir n'a pas été jusqu'au bout de sa singularité de femme[3]. » Il ajoute, à son propos, qu'on ne se libère jamais seule quand on s'accepte, dans sa féminité en l'occurrence, mais en liaison avec les femmes qui vivent la même situation. C'est à cette condition seulement qu'un groupe, par exemple, les femmes, peuvent en arriver à s'affranchir, non pas de la maternité et du couple, mais dans la maternité et dans le couple.

Le racisme du dominé

Reprenons l'approche sociologique de Memmi qui explique que nous faisons tous partie de divers groupes, par notre appartenance à un sexe, un peuple, une religion, une orientation sexuelle, etc. Parmi ces groupes, il est possible de vivre une situation d'oppression, de ressentir et constater que nous sommes exploités par un groupe qui se sert de notre différence pour nous maintenir dans un état d'infériorité. Dans un premier temps, nous serons tout naturellement tentés d'admirer plutôt que de haïr l'oppresseur. L'air assuré, l'usurpateur ou l'oppresseur intimide et éblouit. Ceci est vrai pour n'importe quelle situation de domination, que ce soit pour le colonisé qui découvre sa condition misérable par rapport au faste du colonisateur, pour le Noir états-unien qui se rend compte de la situation enviable du Blanc ou encore pour la femme qui constate que toutes les libertés sont permises à l'homme, etc.

Suite à l'admiration de l'Autre, on désire s'en approcher, lui ressembler, l'imiter, voire s'assimiler à son groupe. Ceci est impossible pour deux raisons. D'abord, nier ses limites affectives pour être autre entraîne une haine de soi et de son groupe d'appartenance. Tenir le coup s'avère de plus en plus difficile. Mais y réussirait-on, qu'une deuxième raison, encore plus lourde, ferait obstacle à l'assimilation à

---

3. MEMMI, Albert. *L'Homme dominé. Le Noir, le colonisé, le prolétaire, le Juif, la femme, le domestique*, Paris, Petite Bibliothèque Payot, 1968, p. 167.

l'Autre : le refus du dominant. Celui-ci ressent ou sait, d'une façon ou d'une autre, qu'il doit sa situation privilégiée au fait que l'Autre qui aspire à le rejoindre est maintenu dans une situation d'infériorité. Prenons, par exemple, la colonisation qui garantit la richesse du colonisateur, la ségrégation qui assure à l'homme blanc états-unien une meilleure position sociale, le sexisme qui favorise le maintien d'une élite politico-économique masculine, etc. C'est pour conserver cet avantage que l'oppresseur déploiera tous les arguments racistes possibles pour se justifier auprès de l'opprimé, qui ne pourra jamais s'identifier à lui. Lui, l'opprimé, et tout son groupe sont des êtres carencés, affirme-t-il, donc ils ne peuvent aucunement prétendre accéder de son côté de la barrière.

Ce refus catégorique et répété, commandé par la situation objective dans laquelle se trouvent les protagonistes, rappelle Memmi, incitera l'opprimé à modifier radicalement sa position vis-à-vis de son oppresseur. Il cessera de se nier dans sa différence par rapport à l'autre pour, au contraire, la magnifier. Il effacera le *mythe* du bon et compréhensif dominant, que ce soit celui du colonisateur, de l'homme blanc ou du pouvoir mâle. L'opprimé opposera le *contre-mythe* du pur et authentique dominé, dont toute la tradition ne représente que positivité et exaltation. C'est ainsi que le colonisé, le Noir états-unien, la femme, démontrent maintenant positivité, sans faille et sans reproche. Ajoutons cependant un bémol. La lutte des opprimés emprunte malgré tout aux valeurs et aux tactiques apprises au contact séculaire avec l'oppresseur. Il en serait difficilement autrement, ne serait-ce que parce que c'est la seule menace que comprend l'Autre. Il se révoltera ainsi contre le nouvel ennemi à abattre, et pas toujours au figuré, telles les luttes malheureusement sanglantes de libération nationale dans plusieurs pays.

Ce contexte d'affrontement est nécessaire pour situer le racisme qui existe également du côté des dominés. Mythes et contre-mythes provoquent du délire de part et d'autre. Le dominé révolté peut ainsi développer un racisme contraire vis-à-vis celui que lui inflige depuis longtemps le dominant et croire à la nature foncièrement mauvaise du colonisateur, du Blanc états-unien ou du mâle chauvin. Il s'agit d'un racisme de défense qui peut se répercuter sur des groupes encore plus faibles que le sien. Memmi constate alors que tous les opprimés ne font pas nécessairement front commun, qu'il peut même y avoir des rivalités entre des ouvriers et des travailleurs immigrés, colonisés et autochtones. Chaque révolte a donc certaines particularités qu'il faut examiner lucidement.

La révolte aussi a ses côtés sombres. Elle ne représente pas la délivrance complète pour un groupe opprimé. Cette réaction emprunte un chemin obligé vers la libération, mais ne correspond pas à la liberté totale. Un autre pas demeure à franchir. Il faut cesser de se définir par rapport à l'Autre si nous voulons vraiment nous affranchir d'une relation dominatrice.

Pour aller de l'avant, l'opprimé doit se détacher du contre-mythe qu'il s'est façonné au cours de sa révolte, dans lequel il se présente sous un jour magnifié et glorieux. Demeurer au stade de la révolte équivaut à rester figé et à ne plus progresser. Il est donc nécessaire pour le groupe qui veut se libérer d'une tutelle asservissante d'effectuer un examen critique de ses traditions afin d'alimenter la nouvelle sève plutôt que de l'assécher.

L'ex-colonisé ne doit pas rejeter en bloc les us et coutumes laissés par le colonisateur et couper tout lien avec l'ancienne métropole, pas plus qu'il ne doit maintenir certaines pratiques désuètes. L'égalité des Noirs états-uniens ne doit pas signifier une rupture qui exclurait les valeurs de base de cette société tout simplement parce qu'elles sont celles issues de Blancs. Enfin, il ne s'agit pas de faire disparaître les différences sexuées, telle la maternité, mais qu'elles ne soient plus source d'inégalité.

Nous pouvons être soumis à une domination, surtout si nous sommes une femme, un enfant, un Noir, un employé, un Juif, un immigrant, un Québécois. En outre, il arrive que nous sommes confrontés à des situations où nous sommes forcés d'agir soit en dominé, soit en dominant. Vous-êtes vous reconnu dans certains des portraits esquissés par Memmi ? Comment entrevoyez-vous vos réactions futures en situation de domination ? Croyez-vous pouvoir parvenir un jour, même si à première vue la tâche semble difficile et irréalisable, à vous dissocier de l'Autre tout en ne le niant pas ?

QUESTIONS SUR LE CHAPITRE 8

Question 1
Brièvement mais en n'oubliant pas l'essentiel, que dit de lui ou de son groupe

➡ le dominé qui se refuse ?

➡ le dominé qui s'accepte ?

Question 2
Brièvement mais en n'oubliant pas l'essentiel, que dit de lui ou de son groupe

➡ le dominant qui se refuse ?

➡ le dominant qui s'accepte ?

Question 3
Quel besoin a le dominant, colonisateur ou autre, à être raciste ?

Question 4
Qu'est-ce qui peut amener le dominé à tenir un discours raciste ?

Chapitre 9

Notre place dans une organisation

L'étude du pouvoir et du travail dans les organisations

Vous êtes sur le marché du travail. Vous venez d'obtenir un premier emploi à temps plein ou vous vous interrogez sur ce monde de l'intérieur ou de l'extérieur. En examinant le profil d'une entreprise, que les sociologues nomment une **organisation**, nous pourrons apprendre à mieux nous connaître grâce à la compréhension de nos milieux de travail respectifs. Plusieurs chercheurs se sont penchés sur les organisations et ont conseillé leurs dirigeants. Chacun relate une vision particulière des employés et des employeurs. En voici quelques-uns qui ont laissé leur marque dans ce domaine.

Le travailleur est motivé par l'argent

Le premier spécialiste reconnu à s'être penché sur le travail des employés d'une organisation est un ingénieur états-unien du nom de Frédéric Winslow Taylor (1856-1915) qui

Frédéric Winslow
Taylor
(1856-1915)

publie ses résultats en 1902 sous le titre *Direction des ateliers.* Sa préoccupation majeure est celle du rendement médiocre des ouvriers des industries manufacturières, et il croit en avoir trouvé la cause et la solution. Ce mauvais rendement repose essentiellement, selon lui, sur la perte de temps, car l'ouvrier prend ses aises (flânerie naturelle) et il y est de surcroît encouragé par ses compagnons de travail. Ils lui signifient qu'il a intérêt à être moins productif car ils veulent conserver le contrôle sur leur rythme de travail (flânerie systématique). Pour contrer ce problème, Taylor exhorte les patrons de l'industrie à concilier, ce qui semble paradoxal à première vue, « des salaires élevés avec une main-d'œuvre à bon marché ». En donnant les moyens à l'ouvrier de produire beaucoup plus en une journée, s'il accepte de le faire, on lui assure une augmentation de 30 à 100 % du salaire moyen de ses compagnons.

Sans entrer dans le détail des multiples directives accompagnant ses recommandations, j'aimerais préciser que Taylor insiste sur les études du temps de travail pour découvrir la meilleure manière d'épargner du temps, la *one best way*. Chaque usine devrait se doter, selon lui, d'un « bureau des études » où des « intellectuels » mesurent le temps de travail et fournissent ensuite des règles précises aux chefs d'atelier sur la façon de faire exécuter les tâches par leurs subordonnés. Selon cette vision, tout le monde gagne. L'ouvrier ne demande pas mieux que fournir un meilleur rendement si le salaire est conséquent et l'employeur ne vise pas autre chose qu'augmenter ses profits.

Ce premier exemple explore une mentalité sous-jacente à la gestion d'une organisation qui est toujours de rigueur 100 ans plus tard. Cette façon de faire explique toujours certaines réactions présentes dans le monde du travail. En premier lieu, examinons cette croyance qu'un employé n'est motivé fondamentalement que par l'argent. Être paresseux de nature, facilement influençable par ses compagnons, il n'est pas cependant complètement dépourvu de bon sens si sa motivation repose d'abord et avant tout sur ses intérêts matériels. En second lieu, il existe cette conviction qu'un employé est incapable de trouver lui-même la meilleure façon de faire, même s'il le voulait. Une organisation doit donc confier à un personnel qualifié le soin d'étudier précisément la nature des tâches de ses travailleurs et travailleuses pour leur fournir par la suite des directives précises pour l'exécution. D'un côté, on retrouve ceux qui savent, les travailleurs intellectuels, et de l'autre, ceux qui suivent les directives, les travailleurs manuels ou les exécutants.

On qualifie depuis de **tayloriste**, du nom de cet ingénieur, toute organisation s'inspirant de cette conception du travail. Le soin de penser à la meilleure façon de faire est confié à des gens spécialisés plutôt qu'au travailleur lui-même. Ceci engendre certains problèmes dans certains milieux de travail tels l'*aliénation*, ce sentiment d'être complètement étranger à la tâche exécutée et d'être incapable de s'y investir. De plus, bien que la cadence du travail se soit accrue dans les organisations s'inspirant de cette méthode, elle ne s'est pas traduite, pour le moins, par des augmentations automatiques des salaires comme l'exhortait Taylor. Les employés devinrent exaspérés et les luttes ouvrières de plus en plus vives.

Le travailleur a d'abord besoin de considération

Si les gains de productivité furent immédiats dans les entreprises s'inspirant du taylorisme, à la longue, le mécontentement et le désinvestissement des subordonnés ont conduit certaines compagnies à chercher d'autres avenues pour atteindre un meilleur rendement dans leur organisation. Suite à une découverte inusitée en 1928, une nouvelle façon d'envisager l'organisation du travail est apparue. L'expérience eut lieu à l'usine Hawthorne chez Western Electric de Chicago, où les principes de Taylor n'avaient pas enrayé l'insatisfaction générale chez les ouvriers. On fit appel à une équipe de psychosociologues de l'université Harvard dirigée par George Elton Mayo (1880-1949), philosophe états-unien d'origine australienne et médecin de formation. L'objectif de la recherche consistait à vérifier si, en modifiant l'environnement de travail, le rendement des employés serait amélioré.

Un groupe d'ouvrières fut sélectionné et cantonné dans un département de l'usine afin d'y exécuter un travail de fabrication de fils téléphoniques. Elles étaient supervisées par un contremaître expérimentateur très conciliant. On tentait de vérifier s'il existait un lien entre l'amélioration de leurs conditions de travail (pause, collation, horaire différent...) et leur productivité. Le lien fut positif. Chaque amélioration entraînait une augmentation du rendement. Quatre mois après le début des recherches, Mayo stoppa ses expériences mais, étonnamment, la productivité se maintint pendant les trois mois qui suivirent, même si les améliorations apportées précédemment avaient été supprimées. Mayo avait observé quelque chose de semblable dans une étude précédente à Philadelphie mais ne pouvait se l'expliquer. Il commença à réfléchir plus sérieusement à ce phénomène insolite. Il venait de cerner ce qu'on appelle depuis le facteur humain. L'interprétation fut nommée l'*effet Hawthorne*, du nom de l'usine où tout cela s'est déroulé.

Sa découverte fondamentale est reliée au principe de motivation ou ce qui donne du cœur à l'ouvrage à des employés. D'abord, les employés ont besoin de se sentir considérés, appréciés. C'est exactement ce qu'avaient ressenti les ouvrières en étant sélectionnées pour l'expérience de leur employeur. Autrement dit, le **moral** des employés compte. Leurs sentiments ne sont donc pas à négliger dans l'ardeur au travail et dans leur rendement. Cette découverte donna naissance à tout un courant de pensée dans le monde du management, connu sous le nom de l'**École des relations humaines**.

Depuis, on explore cette facette de l'organisation du travail et les dirigeants sont friands de recettes dans le but de motiver leurs employés à produire davantage. On crée toutes sortes de stimulants : contremaîtres conciliants, boîte à suggestions, employés honorés, cours de motivation, récompenses diverses, loisirs organisés... Il n'y a rien de répréhensible dans tout cela, si ce n'est que les dirigeants d'entreprises croient pouvoir manipuler à volonté les sentiments de leurs employés et qu'ils n'y verront que du feu. Pourtant ceci n'a pas été le cas, selon le peu d'enthousiasme à participer, voire même le boycottage des employés à ces nouvelles façons de gérer, notamment aux États-Unis.

Depuis, les spéculations sur l'importance du facteur humain dans le rendement des employés vont bon train. Cette façon de concevoir les relations de travail catalogue les travailleurs tels des êtres peu rationnels, obéissant avant tout aux impulsions, aux affections, aux émotions plutôt qu'aux calculs économiques ou aux intérêts de la compagnie. C'est pourquoi beaucoup d'entreprises persistent à trouver des combines pour faire en sorte que les employés s'attachent sentimentalement à l'entreprise, qu'ils en partagent les valeurs, la culture. Tous les ans, les médias présentent un nouveau gourou du management, celui qui prétend avoir la panacée pour les cadres et les hautes directions, celle qui permet d'obtenir le maximum de leurs employés au coût minimum. Encore une fois, l'employé ne semble posséder aucune intelligence et ne réfléchit pas avec suffisamment de raisonnement. C'est cette croyance que rompt le sociologue Michel Crozier. Son étude m'avait renversé.

© Éditions Fayard

Michel Crozier
(1922-)

Le pouvoir n'est pas toujours là où nous le croyons !

Michel Crozier (1922-), lui aussi chercheur, a été appelé à étudier plusieurs entreprises, parce que l'atmosphère au travail y était empoisonnée. En d'autres mots, le moral du personnel, en général, était à plat, et les opérations de production bien lentes. Il envisagea le problème autrement et écarta les théories de Mayo et de Taylor. Il mit de côté les hypothèses de flânerie ou le manque de considération de la part de la direction. Il résolut la situation sans fournir de recettes miracles sur le plan de nouvelles mesures et de méthodes d'organisation, dites scientifiques du travail, ni en offrant des stimulants affectifs aux employés pour que tout rentre dans l'ordre. Sa perspective nouvelle consistait à ne pas considérer les employés en tant qu'êtres irrationnels, qu'on pouvait théoriquement manipuler à volonté, soit en misant sur leurs sentiments à la manière Mayo, ou soit en visant l'appât du gain à la manière Taylor. Crozier interviewa plutôt tous les niveaux de personnel de grandes entreprises en observant leurs attitudes, et étudiant ensuite le sens de leur propos. Il mit sur pied une toute nouvelle approche du fonctionnement d'une organisation.

Sa première découverte est sans doute la plus renversante et la plus féconde jusqu'à aujourd'hui. Elle stipule que le pouvoir dans une organisation ne réside pas là où nous le croyons, c'est-à-dire qu'il ne va pas toujours de pair avec l'autorité. Au sein d'un monopole industriel de près de 10 000 ouvriers, appartenant à l'État et comptant 30 usines à travers la France, Crozier a évalué en profondeur trois usines en effectuant des entrevues auprès des ouvrières de production, des ouvriers d'entretien, des chefs d'atelier, des membres du corps administratif, des ingénieurs techniques et des membres de la direction.

Voici décrit l'organigramme de l'entreprise, qui présente les divers rapports d'autorité. À la tête de chaque usine, un directeur a la responsabilité générale et son adjoint résout les problèmes de fabrication. Un corps administratif s'occupe, par ailleurs, des questions de personnel et de comptabilité. Puis, l'ingénieur technique, sous la responsabilité de l'adjoint, gère les problèmes d'entretien et de réparation de la machinerie de l'usine et est responsable des ouvriers d'entretien. Outre le maintien régulier des machines, ces derniers interviennent lors de bris d'appareils et évaluent leur réparation en temps. Enfin, le reste de la main-d'œuvre est aux deux tiers féminin; ce sont les ouvrières de production qui confectionnent à l'aide des machines le bien vendu par cette entreprise. Elles relèvent des chefs d'atelier, qui voient à l'alimentation des machines et supervisent leur travail.

Chacun de ces groupes d'employés occupe une fonction précise, spécialisée ou qualifiée selon le cas, qui ne peut être transférée à un autre groupe. Une convention régit le syndicat des ouvriers et ouvrières et la direction fixe les charges de travail et les prérogatives de chacun comme l'ancienneté, qui s'applique notamment lors de mutations. Cette structure d'organisation est assez simple et ne semble pas, *a priori*, poser de problème. À preuve, les ouvriers de cette entreprise jouissent d'un traitement salarial avantageux et de conditions de travail très acceptables. Or, l'enquête de Crozier a démontré que cette structure, simplifiée en théorie, ne reflétait pas la réalité quant à la répartition réelle du pouvoir entre les différents groupes.

Crozier constate d'abord que le *directeur* de l'usine et son *adjoint* occupent le sommet de la pyramide décisionnelle mais qu'ils détiennent, somme toute, peu de pouvoir et d'autorité. Afin d'éviter l'arbitraire des décisions dans l'entreprise, les faits et gestes sont réglementés du haut en bas de la pyramide. La direction a donc peu d'initiative dans les décisions, les règlements formant comme un carcan à toute innovation. Le directeur ne reprend le pouvoir que s'il est question de constructions et de nouvelles installations, mais ces changements importants doivent être financés par l'État. C'est pourquoi le directeur de l'usine affiche beaucoup d'ouverture aux changements en toutes circonstances. Outre ces projets, la multiplication des directives protège paradoxalement les différents corps de métier contre les décisions de la direction, qui voit uniquement à l'administration courante. Si le directeur a suffisamment d'ascendant, on fait appel à lui à titre d'arbitre dans les cas de litiges sur la réglementation et les rapports humains dans l'usine. En bref, pour comprendre l'attitude du directeur et de son adjoint, qui ne s'intéressent qu'à l'innovation et aux nouvelles constructions ou qui se rabattent sur la routine et un rôle d'arbitre dans les rapports humains, rappelons que l'organisation centralisée et très bien réglementée qu'ils ont instaurée ne leur donne en réalité pas de marge de manœuvre ni d'influence déterminante. Le pouvoir, en principe entre leurs mains, leur échappe essentiellement.

Les interviews effectuées avec les ingénieurs techniques (il y en a un seul habituellement par usine) soulignent qu'ils aiment passionnément leur travail, accomplissent une tâche trop lourde mais ne souhaitent pas qu'elle soit simplifiée ni réduite. De plus, s'ils relèvent formellement du directeur adjoint, ils discutent en réalité sur un même pied d'égalité et ne se sentent pas obligés de souscrire à toutes ses demandes. Ils sont plutôt conservateurs bien que leur formation les incite à l'innovation. L'ingénieur technique supervise les ouvriers d'entretien, contrôle les machines et tout l'appareillage technique de l'usine et ses subordonnés et lui sont essentiels pour assurer le fonctionnement de l'organisation. L'*ingénieur technique* détient un pouvoir considérable sur la bonne marche de l'entreprise même si, en principe, il est subordonné dans le corps de direction. C'est pourquoi il est peu enthousiaste quant aux transformations techniques dans l'usine, cherchant plutôt à maintenir l'appareillage actuel et à garder le contrôle, car il craint qu'une partie de cette expertise lui échappe. Bien que cet ingénieur n'ait aucun pouvoir officiel sur les autres membres de la direction, il est indispensable au déroulement normal de la fabrication du produit en usine. C'est lui qui a la meilleure connaissance dans l'équipe de direction puisque c'est lui qui est appelé sur les lieux lorsque quelque chose ne fonctionne pas. Crozier constate donc que, malgré la lourdeur de sa tâche, l'ingénieur technique tient à la conserver pour ne pas perdre sa liberté d'action et son influence.

Un autre groupe interviewé se prétend satisfait malgré l'hostilité qui semble le poursuivre. Les *ouvriers d'entretien* appuient l'ingénieur technique, leur patron, pour qui ils manifestent une grande admiration. Leurs propos révèlent leur esprit de cohésion. Ils sont critiques, voire paternalistes envers les ouvrières de production qui travaillent directement sur les machines qu'ils réparent et entretiennent. Ils sont également hostiles aux patrons de ces dernières, les chefs d'ateliers, qu'ils évitent le plus possible et écartent des questions reliées au fonctionnement des machines. Ils font d'ailleurs disparaître toute la documentation relative aux appareils afin d'être les seuls capables d'intervenir. Ils empêchent ainsi la direction d'inter-

venir dans leur travail par l'entremise des chefs d'atelier, leur déro-
bant par conséquent une partie de l'autorité qu'ils exercent sur leurs
subordonnées, les ouvrières de production. Les ouvriers d'entretien
forment un front commun et, grâce à l'autorité bienveillante de l'ingénieur technique, empêchent l'ingérence en se réservant les décisions importantes, notamment sur la durée des réparations lors d'un
bris de machine. Cette décision est cruciale puisqu'elle a souvent un
impact direct sur les ouvrières de production, entraînant parfois des
mutations de postes ou des mises à pied temporaires.

Nous pourrions croire que les *ouvrières de production* aient
manifesté lors des entrevues leur frustration face aux ouvriers d'entretien puisqu'elles subissent les conséquences des décisions prises
par ces derniers. Or, leurs propos sont plus nuancés, selon qu'elles
travaillent plus ou moins près de ces derniers. Celles qui entrent en
contact direct avec les ouvriers d'entretien, soit les conductrices des
machines, ne s'en plaignent pas et cherchent à conserver de bonnes
relations. Elles déversent plutôt leur fiel sur leur charge de travail et
les normes à respecter. Les autres, par contre, maugréent et démontrent leur frustration et une certaine agressivité face aux ouvriers
d'entretien au sujet de leur pouvoir sur le temps d'arrêt des
machines. On remarque déjà que si le chercheur n'avait observé que
les simples rapports obligés, selon l'organigramme, il n'aurait même
pas songé aux relations conflictuelles entre ouvrières de production
et ouvriers d'entretien. De même, en menant plutôt une étude strictement en termes de relations humaines, il aurait cherché à améliorer les rapports des ouvrières avec la direction en général et leurs
chefs de service en particulier; or, on aurait raté la cible car ce dernier groupe ne reçoit pas d'agressivité contenue.

Les *chefs d'ateliers* qui exercent leur autorité sur les ouvrières de
production n'ont en réalité qu'un pouvoir très limité. Des règlements
très précis fixent la tâche des ouvrières, qui ont immédiatement
recours au syndicat dès qu'il s'agit d'en déroger. Pour ce qui est des
ouvriers d'entretien, ils manipulent ces chefs qui ignorent tout des
machines de production. Crozier rapporte d'ailleurs dans son livre le
cas bien particulier d'un cadre qui, à cause de ses expériences antérieures, connaissait le fonctionnement des machines mais ne pouvait
remettre en question l'expertise d'un ouvrier d'entretien, car la direc-

tion craignait une rébellion de la part de ses pairs. Les chefs d'atelier sont donc souvent frustrés dans leur travail et se sentent impuissants par rapport au bon fonctionnement de l'entreprise. Tranquillement, ils interviennent de moins en moins dans le déroulement quotidien du travail, et veillent simplement à l'approvisionnement en matières premières. À l'exception des autres groupes, le chercheur n'a pu détecter aucune position commune chez les chefs d'ateliers. Certains se percevaient d'abord en tant que subordonnés et s'identifiaient souvent aux ouvrières de production mais plus malheureux, étant donné le peu d'attrait que leur procure leur travail.

Le travailleur est un acteur qui pense

Ce tour d'horizon forcément simplifié des études de Crozier met au jour la réalité cachée d'une entreprise, une réalité autre que celle des documents officiels. Il expose notamment le problème que représente le pouvoir abstrait relié aux titres et aux fonctions, qui ne donnent pas la juste mesure. Crozier constate que le pouvoir réel dans chaque organisation origine des **sources d'incertitude** et appartient aux individus et aux groupes qui les contrôlent. Dans le fonctionnement de l'usine, la plus grande incertitude est lorsqu'il faut arrêter la production, partiellement ou complètement, lors du bris d'une machine. Or, les seuls employés aptes à y remédier sont les ouvriers d'entretien. Ceci explique pourquoi les ouvrières se sentent dépendantes d'eux; pourquoi les chefs d'atelier deviennent démunis devant eux; et pourquoi ils sont si appuyés par leur supérieur, l'ingénieur technique. Ce dernier détient, grâce à eux, un pouvoir accru au niveau de la direction que sa fonction officielle lui décrit.

En général, tout membre d'une organisation est un *acteur*, selon Crozier, parce que chacun détient une certaine marge de manœuvre qu'il peut contrôler plus ou moins dans une zone d'incertitude. Un employé, simplement en résistant, en étant négligent, en freinant ou en ayant la possibilité d'aller voir ailleurs, possède une certaine influence sur son supérieur immédiat dans la mesure où ces comportements peuvent, s'ils sont soutenus et pratiqués en groupe, nuire à ses capacités de gestion et à ses visées de promotion. Crozier signale cependant que le pouvoir des ouvriers d'entretien ne peut pas s'exercer sans limites, car l'hostilité règne. Les ouvrières font des pressions indirectes pour leur faire saisir qu'ils n'ont pas intérêt à abuser. Ils font tous partie du même syndicat. Elles ont leur mot à dire, même si ces derniers les représentent. Un travailleur comme individu, ou comme membre d'un groupe d'employés, n'est donc jamais complètement dépendant des autres. Il conserve cette capacité d'agir, de négocier et même de créer de l'incertitude chez les autres. Son pouvoir sera accru si l'incertitude qu'il crée est *pertinente*, c'est-à-dire, selon l'auteur, qu'elle peut affecter sérieusement les autres membres de l'organisation dans leur propre capacité d'agir. D'où le pouvoir considérable, en dehors de toute ligne hiérarchique officielle, de la catégorie des ouvriers d'entretien dans les usines observées par Crozier.

L'intérêt premier d'aborder ainsi les niveaux de pouvoir réside dans le fait que Crozier redonne sa rationalité à chaque membre d'une organisation. Le sommet de la pyramide n'est pas toujours synonyme de réflexion ou de prise de décision, tout comme la base n'est pas uniquement régie par les sentiments ni dénuée de raison. Le manque de motivation des directeurs d'atelier semble plus le fruit d'un sentiment d'impuissance face aux imprévus que d'un pessimisme naturel. Inversement, les ouvriers d'entretien qui sont passionnés par leur travail, qui sentent leur supériorité et qui sont réfractaires aux changements et aux règles, contrôlent une source importante d'incertitude leur permettant d'avoir de telles attitudes. L'ingénieur technique garde ses distances vis-à-vis de son supérieur (l'adjoint du directeur) parce qu'il s'appuie sur les ouvriers d'entretien. Les ouvrières de production négocient pour leur part avec les ouvriers d'entretien car elles n'ignorent pas que leurs conditions salariales et de travail avantageuses relèvent du syndicat, qui est dirigé avec compétence par ces derniers. Enfin, Crozier note que c'est le *jeu des acteurs*, nom désignant les individus et les groupes dans une organisation, qui détermine le type de relations de travail qui existent dans une entreprise.

Travailler, c'est jouer !

Crozier désigne ses travaux de recherche dans les organisations des études d'**analyse stratégique**. Dans un volume intitulé *L'Acteur et* *le système,* que Crozier a écrit en collaboration avec ERHARD FRIEDBERG, d'origine autrichienne, une organisation se voit comparée à un système de jeux où chaque acteur est un joueur, où tout membre peut se considérer comme un joueur. On rencontre les jeux de pouvoir présents à la base et au sommet de l'organisation et qui peuvent être interdépendants. Chaque joueur ou membre d'une organisation n'a pas le même poids selon les ressources diverses dont il dispose et la fonction qu'il occupe, mais chacun a des atouts lui permettant d'élaborer, seul ou avec les autres de son niveau, une stratégie de lutte pour conserver une marge de manœuvre. Cette lutte sera offensive quand on tentera de contraindre d'autres membres à agir dans ses intérêts, ou défensive si la priorité est de maintenir, d'abord et avant tout, sa marge de manœuvre. Chaque acteur ou groupe d'acteurs adopte ainsi une stratégie rationnelle pertinente à réaliser des gains. L'étude de ces jeux divers permet au sociologue de comprendre le fonctionnement réel d'une organisation. La connaissance de ces jeux peut d'ailleurs aider n'importe quel membre d'une entreprise à prendre conscience des stratégies qui l'entourent, à mieux se situer et à découvrir ses propres moyens d'action.

Le *jeu* représente plus qu'une image pour illustrer le fonctionnement d'une organisation et devient « l'instrument que les hommes ont élaboré pour régler leur coopération, [...] l'instrument essentiel de l'action organisée[1] », affirment Crozier et Friedberg. Le jeu est à la source même des rapports de pouvoir entre les humains qui manifestent leur liberté en dérogeant aux règles auxquelles ils sont soumis. Comme dans tout jeu, chacun peut adopter sa propre « stratégie rationnelle », mais ne peut cependant outrepasser les règles qui le gouvernent sans remettre en question l'organisation et sa propre participation. L'expression « construit social » met l'accent sur le fait qu'il ne s'agit pas d'une donnée abstraite mais bien d'un phénomène qui se construit et se maintient grâce aux rapports de pouvoir établis par les acteurs eux-mêmes.

---

1. CROZIER, Michel et Erhard FRIEDBERG. *L'Acteur et le système. Les contraintes de l'action collective*, Paris, Seuil, coll. « Points essais », 1977, p. 133.

Il est plus simple de concevoir ainsi une organisation, puisqu'il s'agit d'un ensemble de jeux comportant des acteurs, des stratégies, des règles, des gains, des pertes, etc. La complexité semble plutôt du côté de la continuelle transformation de l'organisation, qui s'adapte selon les situations de conflits, puis aussi dans les rapports internes et dans ses rapports avec les autres organisations. Il y a, au sein des entreprises mais aussi entre plusieurs organisations, des jeux de pouvoir où les acteurs peuvent jouer sur deux niveaux, tels des agents secrets au service du pays le plus offrant. Crozier et Friedberg précisent que toute organisation est un *système d'action concret*, mettant ainsi l'accent sur l'existence réelle et tangible des jeux dans chaque organisation, qui varient selon les acteurs, la période historique ou temporelle, et les valeurs de la société qui environnent l'organisation.

L'analyse stratégique de Crozier offre une vision plus juste du fonctionnement d'une entreprise et des enjeux concernant sa gestion. En voici les principaux éléments :

→ Tout le pouvoir n'est pas entre les mains de quiconque, puisqu'il est intimement lié aux sources d'incertitude dans le fonctionnement de l'organisation et relève plutôt de ceux et celles qui peuvent pertinemment intervenir.

→ Le contrôle absolu est impossible et un excès de réglementation peut se retourner contre son auteur. Plus les subalternes sont encadrés, plus ils développent des moyens pour se dissimuler derrière les normes afin d'accomplir le strict minimum (ce sont les *effets pervers* observés maintes fois dans les bureaucraties). C'est le contraire de l'efficacité.

→ Un dirigeant ne possède pas le monopole de la raison. Par conséquent, il existe plusieurs solutions à un problème. Notre capacité de raisonnement a ses limites et l'existence d'autres points de vue que le nôtre est non seulement souhaitable mais essentiel à la nature des relations dans une organisation. Ces autres façons d'aborder les choses sont tout aussi réfléchies que la nôtre, mais la situation vécue est différente selon son poste dans l'organisation.

→ L'autorité imposée ne règle rien puisque les relations de pouvoir vont simplement se reproduire de façon insidieuse. En acceptant le risque du jeu dans ses décisions, étant donné la richesse et la complexité du pouvoir dans toute organisation, un dirigeant ou une dirigeante peut convaincre de la nécessité de faire converger les intérêts des uns et des autres acteurs sous sa gouverne.

DÉFINITIONS

ORGANISATION
Groupement humain ordonné et hiérarchisé en vue d'atteindre des objectifs (ex. : entreprises, administrations publiques, partis politiques, associations…).

TAYLORISME
Façon dite scientifique d'organiser le travail, due à l'ingénieur Taylor, consistant principalement à séparer conception et exécution, à décomposer les tâches en gestes élémentaires et à les chronométrer pour trouver the one best way.

ÉCOLE DES RELATIONS HUMAINES
Façon de penser dans le monde du travail, issue des expériences du psychosociologue Mayo, mettant principalement l'accent, pour améliorer le rendement, sur la nécessité de tenir compte du moral des employés, c'est-à-dire de leurs motivations et de leur besoin de reconnaissance; bref, de leur affectivité.

SOURCES D'INCERTITUDE
Concept issu des travaux du sociologue Crozier désignant les situations problématiques dans une organisation, source de pouvoir pour quiconque peut les contrôler.

ANALYSE STRATÉGIQUE
Étude d'une organisation sous l'angle des relations de pouvoir entre les acteurs et de leurs effets.

Plus concrètement dans votre travail, retenez surtout que si vous vous sentez tel un rouage de machine, votre ou vos supérieurs en sont encore à une conception du monde du travail issue du début de l'industrialisation, inspirée de l'ingénieur Taylor. Si on a plutôt tendance à insinuer qu'on vous aime ou qu'on prend à cœur vos états d'âme, vos superviseurs recherchent toujours des trucs pour vous épater à la manière des adeptes de Mayo et de l'École des relations humaines. Si, plutôt que de faire appel à votre main ou à votre cœur, pour reprendre les expressions de Crozier et de Friedberg en référence aux conceptions précédentes, vous avez l'impression qu'on fait plutôt appel à votre tête, c'est-à-dire qu'on vous reconnaît comme étant une personne autonome, capable de réfléchir par elle-même, peut-être alors aurez-vous trouvé l'organisation souhaitée par ces sociologues, où l'être humain est pris pour ce qu'il est, cette liberté qu'on ne peut étouffer et sur laquelle on doit plutôt miser.

QUESTIONS SUR LE CHAPITRE 9

Question 1
Décrivez l'essentiel seulement de la conception du travail appelée le *taylorisme*, autrement dit, qui doit faire quoi dans cette façon de concevoir l'organisation du travail.

Question 2
Qu'avait observé MAYO, à l'usine Hawthorne, *durant* ses expériences et qu'observa-t-il *ensuite* d'insolite une fois celles-ci terminées?

À quelle grande découverte fondamentale arriva-t-il; découverte qui donna naissance dans le monde du management, à l'École des relations humaines?

Question 3
Dans les usines observées par Crozier, les *ouvriers d'entretien* avaient, en pratique, un très grand pouvoir réel même si, officiellement, ils n'en avaient aucun.

→ décrivez ce qui leur donnait ce pouvoir dans les faits.

→ quelle théorie plus générale en a dégagé MICHEL CROZIER sur le pouvoir dans les organisations, qui se base sur la notion de *sources d'incertitude*? Présentez-la brièvement en montrant votre compréhension de cette notion.

Question 4
En comparant les trois auteurs, Taylor, Mayo et Crozier, identifiez brièvement comment chacun envisage les employés dans une organisation.

Chapitre 10

Notre liberté dans la société

L'étude de quatre conceptions
sociologiques de la liberté

Comment croire que nous décidons librement
de notre existence, de nos gestes, de nos pensées,
lorsque la sociologie dévoile des facteurs cachés
ou insoupçonnés qui influencent nos actions ?
Sommes-nous véritablement libres ? Il semble
impossible de concilier la liberté avec une identité qui se construit grâce à un réseau complexe
de rapports qui nous lient aux autres et qui font
de nous des êtres éminemment sociaux. À une
interrogation aussi importante et judicieuse, peu
de sociologues en ont fait une étude particulière
et il est surprenant de constater qu'ils n'y aient
pas accordé une place de premier choix dans
leurs réflexions. Pour répondre à cet étonnement, un sociologue belge a récemment écrit
Sociologie de la liberté. Michel De Coster y
confirme que le thème de la liberté a été
« sous-développé » dans les écrits sociologiques et il s'efforce de retracer l'ensemble
des discours sociologiques qui ont traité de
la question depuis le milieu du 19e siècle.

Ce silence relatif des sociologues sur le thème de la liberté est compréhensible. En premier lieu, les bâtisseurs de la discipline œuvraient dans un but scientifique. Or, le seul *modèle* scientifique qui existait à l'époque était celui des sciences de la nature appelé *déterministe*, qui soulignait les rapports nécessaires et immuables entre les phénomènes naturels afin d'en arriver à des lois. C'est pourquoi les premiers sociologues recherchaient dans les phénomènes sociaux des régularités à toute épreuve, des relations de cause à effet, des conditionnements, comme si le social était du même ordre que le naturel. Or, l'être humain pense et interprète le monde qui l'entoure, ce que ne saurait faire la matière, l'animal ou l'organisme biologique. Mais pour valider leurs démarches, ces précurseurs de la sociologie devaient se conformer au modèle déterministe, car il était le seul modèle considéré comme scientifique à l'époque. De plus, ces pionniers participaient inéluctablement à l'euphorie qui entourait, au 19ᵉ siècle, le progrès des sciences pures et exactes. Cette référence refait surface fréquemment lors de critiques envers les sciences humaines et sociales, dont la sociologie, qui osent aujourd'hui prendre une distance critique face au modèle déterministe, trop rigide pour l'étude de l'être humain.

La **sociologie** fouille, étudie et découvre des motifs insoupçonnés, des facteurs explicatifs, des raisons d'agir derrière la façade visible des comportements humains. Ce qui fait l'originalité et la pertinence de la sociologie est justement sa capacité d'aller au-delà des évidences pour débusquer ce qui se cache sous les divers discours sur la société ou pour faire ressortir le caractère social de plusieurs de nos gestes quotidiens. L'accent est mis sur ce qui masque nos raisons d'agir et sur ce qui entrave ou influence nos actions. Parfois, il semblerait réellement que c'est la société qui dicte notre conduite, comme si nous n'étions que des marionnettes flexibles, consentantes et prisonnières d'une destinée sur laquelle nous n'avons aucun contrôle. Dans un tel contexte, la question de la liberté semble un non-sens. De Coster précise cependant que, même si la question a été négligée par la sociologie, elle n'a toutefois pas été occultée, ce qui serait impossible puisque la liberté s'inscrit au cœur de toute réflexion sur les comportements humains. La sociologie a évolué, précise De Coster. On propose maintenant des théories qui envisagent la liberté plus explicitement et avec plus d'assurance. Il rappelle que la liberté a toujours été envisagée en citant un tenant du modèle des sciences de la nature et un de ses fondateurs, Durkeim. Ce dernier, cependant, la limitait, pour le plus grand nombre, à l'acceptation volontaire de la contrainte. Il comprenait qu'elle est essentielle à toute vie sociale.

Il ne faut pas croire que la sociologie puisse définir avec exactitude et certitude la marge de manœuvre que nous possédons en société. Certains sociologues ont effectivement jeté de la lumière sur cette question floue et ambiguë, sans toutefois pouvoir proposer une réponse unique, définitive et exempte de l'expérience personnelle de chacun. La complexité d'une telle interrogation ne peut donner lieu à une seule vision. À cet effet, voici *quatre conceptions de la liberté* avancées par les sociologues Pierre Bourdieu, Alain Touraine, Charles Wright Mills et Zygmunt Bauman. Leurs points de vue respectifs rejoignent ceux de maints autres de leurs collègues. Il n'y a pas cependant de conception unanime. Les sociologues qui abordent le sujet de la liberté dans leurs écrits, tout en rejoignant les conceptions qui seront abordées, apposent leur touche personnelle selon le domaine particulier de recherche exploré. La première conception de la liberté ci-dessous frise la conception déterministe des conduites humaines, elle laisse peu de place à la liberté.

La société est un jeu imposé

Bourdieu adopte cette conception déterministe des conduites humaines, laissant peu de place à la liberté. Ce sociologue est de notoriété mondiale et plusieurs de ses écrits sont maintenant fondamentaux et incontournables. L'un d'entre eux, *La Distinction*, a été abordé au chapitre sur la trace de la classe sociale d'origine. Un commentateur de Bourdieu, ALAIN ACCARDO, a pour sa part tenté d'embrasser et d'expliciter toute sa pensée dans un livre intitulé *Introduction à la sociologie. Une lecture de Bourdieu.* C'est à partir de cette lecture que découlent mes commentaires sur la liberté, selon Bourdieu. Pour ce sociologue, l'existence de la liberté ne va pas de soi. Pour comprendre la place que les individus occupent dans une société et leur marge de manœuvre respective, Bourdieu compare la société à un *jeu* auquel nous participons tous. Certains sont conscients qu'il s'agit d'un jeu avec des règles et d'autres l'ignorent. Ces derniers risquent plus que les premiers d'en assumer les frais et de voir ainsi leur liberté entravée. C'est souvent le lot des dominés qui ne voient pas le jeu, ne connaissent pas les règles et donc ne savent pas qu'elles pourraient être différentes ou modifiées en leur faveur.

La sociologie peut apporter un espoir de liberté à tous en démontrant que les rapports entre les humains s'établissent à partir de règles comme dans tout jeu. En connaissant ces règles, on peut ainsi avoir une action sur elles. Si on agissait sur ces règles, elles perdraient alors leur caractère sacré ou immuable et elles pourraient par conséquent être modifiées et ce, pour le bien du plus grand nombre. On créerait ainsi une société où l'ensemble de la collectivité participerait aux décisions qui la concernent. « Puisqu'il faut bien vivre, dit la sociologie, jouons le jeu, mais jouons-le les yeux ouverts, avec des cartes non biseautées et distribuées sans tricherie [...][1] ». En remettant en question la société telle qu'elle fonctionne à un moment donné, en en faisant ressortir les règles cachées, la sociologie participe à la diminution du contrôle qu'exercent les pouvoirs en place et ouvre une fenêtre sur la liberté.

La liberté, ce serait donc, pour conclure sur Bourdieu, d'entrer dans le jeu de la société sans illusions, en sachant cependant que les règles peuvent en être modifiées. La sociologie, en explicitant ces règles, peut ainsi fournir les outils permettant à chacun et à chaque groupe de pouvoir jeter un regard critique sur sa société et d'élaborer une nouvelle façon de vivre les rapports sociaux.

La société nous appartient

ALAIN TOURAINE (1925-), un autre sociologue de réputation internationale, croit pour sa part que la liberté existe. Selon lui, elle se manifeste dès le moment où un individu prend conscience qu'il peut

---

1. ACCARDO, Alain. *Initiation à la sociologie. L'illusionnisme social. Une lecture de Bourdieu*, 2ᵉ édition, Bordeaux, Le Mascaret, 1991, p. 195.

agir sur sa société, seul ou en groupe. Touraine a toujours accordé une place privilégiée aux *mouvements sociaux*, constitués de vastes rassemblements de personnes qui se battent pour une cause à portée sociale (ex. : l'écologie, le féminisme, le droit à la différence), car ils secouent la société et l'amènent à se modifier en profondeur. Ces gens qui militent correspondent à des *acteurs sociaux*. Or, beaucoup de gens se sentent impuissants face à leur société. C'est pourquoi Touraine conçoit qu'il revient aux sociologues de montrer à leurs concitoyens comment avoir une influence positive sur leur société.

Comment s'y prendre pour faire valoir aux individus qu'ils peuvent agir sur leur société ? Touraine suggère deux façons de procéder. D'abord, la sociologie doit s'efforcer de démontrer que les dirigeants ne possèdent pas plus que quiconque le droit de légiférer et contrôler la population. Il n'existe pas de qualité innée, de grâce divine ni d'intelligence supérieure qui autorise les dirigeants politiques à s'accaparer du pouvoir. Certains dissimulent derrière leur prétendue supériorité des motifs personnels tout en justifiant leur monopole du pouvoir ou de la richesse au nom de principes étriqués et révolus. Par exemple, les rois européens utilisaient, il n'y a pas si longtemps, Dieu pour légitimer leur supériorité. Aujourd'hui, on discourt au nom du progrès, de la mondialisation, de la nature ou de tout autre principe transcendant. Bref, le sociologue doit faire ressortir les intérêts que servent l'*idéologie* ou le système d'idées dominants d'une société.

© ÉDITIONS FAYARD

ALAIN TOURAINE
(1925-)

La deuxième façon de parvenir à convaincre les individus que tous possèdent un certain pouvoir sur la société, c'est de démontrer qu'une société se fait par elle-même et non grâce à ses dirigeants, qui ne sont que des acteurs parmi d'autres. Touraine définit comme un *ensemble de systèmes d'actions* les moteurs essentiels du développement d'une société, qui s'accomplit à travers des conflits et des tensions. Vu de cet angle-là, les individus et les groupes ressentiraient le besoin de lutter pour construire et défendre leur propre expérience de vie, issue à la fois de rationalité et d'identité, et de la sauvegarder par une combinaison unique, ainsi qu'il le laissait entendre en 1998 au Congrès international de sociologie à Montréal.

Les recherches et les réflexions sociologiques tentent de remettre en question le discours des pouvoirs en place. Tous ceux qui veulent contester le pouvoir ont cette opportunité, du moment qu'ils comprennent qu'ils ont le droit de le faire et que c'est à cette seule condition que la société peut se renouveler. Ils se mettent ainsi au service du plus grand nombre, des plus démunis et des plus pauvres. Touraine ajoute que la sociologie ne doit pas chercher à intégrer les individus à la société. Elle doit plutôt instaurer les débats nécessaires à la réforme des institutions et au renouvellement de nos identités, car la société est faite d'acteurs individuels et collectifs qui cherchent à se réaliser.

La liberté doit être raisonnée !

Wright Mills, un éminent sociologue états-unien, a de son côté insisté sur le fait que tout sociologue peut et doit être critique envers sa propre société. Pour lui, la liberté est bien plus que le libre arbitre ou la faculté de faire ce qui nous plaît et de choisir entre des alternatives. La liberté, pour lui, suppose la réunion de trois conditions essentielles :

➡ L'éventail des choix possibles pour les individus dans une société donnée, à un moment donné de son histoire, doit être formulé. La sociologie doit donc se donner comme mission d'aider à la formulation de l'ensemble des choix possibles. Car Mills affirme que si les sociologues étudient la structure sociale, ce n'est pas pour montrer que le futur est prédéterminé par les institutions mais, bien au contraire, pour identifier les endroits où il est possible d'intervenir efficacement dans la société.

→ La discussion des choix possibles dans cette même société doit pouvoir se réaliser. Le débat peut être alimenté notamment par des recherches en sociologie qui combattent l'idée comme quoi les seuls choix possibles sont ceux que les autorités nous proposent ou nous imposent.

→ On doit avoir l'opportunité de choisir. Pour ce faire, il faut sauvegarder la démocratie, qui laisse la population s'exprimer et participer aux décisions majeures qui orientent la société.

Or, ces trois conditions ne peuvent être réunies dans une société, selon Mills, que si ses membres acceptent d'accorder une place primordiale à la *raison humaine*. Autrement dit, les décisions doivent avoir été évaluées au mérite. La liberté, pour Mills, c'est nous servir de notre raison pour élargir la frontière des possibilités et entrevoir ce qui peut et doit être changé.

Certains sont plus libres que d'autres...

Un dernier sociologue également de réputation internationale vient conclure ce tour d'horizon de la liberté sociale. ZYGMUNT BAUMAN (1925-) s'est d'ailleurs mérité le prestigieux prix européen Amalfi pour la sociologie et les sciences sociales en 1989. Dans son livre, *Thinking Sociologically*, il précise que la liberté n'est pas innée. Il illustre la question à l'aide d'une balance à deux plateaux : un plateau contient le poids de notre liberté et l'autre, celui de notre dépendance. Durant l'enfance, le plateau de la liberté est pratiquement vide car l'enfant ne peut choisir sa famille, sa nationalité, son voisinage, sa classe sociale ni sa religion. Il en est de même pour la langue et la façon dont l'enfant apprend à se comporter socialement. Par conséquent, le plateau de la dépendance est le plus pesant.

D'année en année, l'enfant développe des habiletés et des ressources personnelles. Il décide quelle action il va poser, ce qu'il veut

© ARCHIVES PERSONNELLES

ZYGMUNT BAUMAN
(1925-)

devenir plus tard puis choisit ses amis. Le plateau de la liberté s'emplit graduellement. Bauman indique que certaines dépendances peuvent aussi être rejetées, et l'enfant peut s'opposer à la sévérité d'un parent ou choisir d'abandonner certaines pratiques religieuses qui ne lui conviennent pas. Enfin, certaines obligations se déplacent vers le plateau de la liberté si cette obligation s'avère un acquis positif, comme l'est par exemple l'apprentissage obligé d'une deuxième langue, de la persévérance ou du sens de l'organisation. Une exigence, vu sous un tout nouvel éclairage, peut devenir une liberté de plus.

Selon Bauman, notre liberté ne sera cependant jamais complète. De la naissance à la mort, la balance se déplace mais le plateau de la dépendance n'est jamais vide. Il explique ceci par le fait que nos actions passées ont une incidence sur nos choix futurs et que certaines options sont irréalisables car elles sont hors de nos moyens financiers ou de nos capacités physiques, affectives ou autres. Un individu de 17 ans qui souhaite devenir pianiste de concert ou champion de tennis mais qui ne s'est jamais adonné à l'une ou l'autre de ces activités a peu de chances de voir ses rêves se réaliser. Car les réflexes ou les habiletés de base nécessaires doivent avoir été mémorisées physiquement et mentalement très tôt dans la vie. En outre, pour devenir pianiste, le jeune doit avoir accès à un piano, suivre des cours et pratiquer quotidiennement. Pour devenir un pro au tennis, les parents du jeune doivent investir beaucoup d'argent dans des cours et motiver son désir de réussite. Le talent ne suffit pas. Enfin, un autre individu marié et père d'un enfant qui veut quitter le monde et mener une vie contemplative peut succomber à ses désirs, mais son entourage payera cher le prix de son indépendance.

En outre, la balance entre les deux plateaux n'est pas la même pour chaque être humain. D'une certaine façon, nous sommes tous libres dans la mesure où, quoi que nous fassions, il existe certaines responsabilités que nous ne pouvons négliger. Dans ce cas, éviter de choisir, c'est quand même choisir, que ce soit par rapport au mariage ou à nos convictions, par exemple. Par ailleurs, certains sont plus libres que d'autres dans la société, plus libres de désirer, d'agir selon leurs désirs et d'atteindre les résultats espérés. Bauman se réfère notamment à une catégorie de personnes (ex. : les membres d'une classe sociale privilégiée), qui ont des possibilités de choix plus étendus que d'autres, un horizon plus large et les ressources nécessaires à la réalisation de leur projet : argent, contacts, instruction, culture. Il ajoute que le ratio, si on veut peser séparément les deux plateaux de la balance entre liberté et dépendance, serait un bon indicateur de la position d'un individu et de la classe sociale à laquelle il appartient. Et il termine en disant : « Ce que nous appelons privilège, apparaît, en scrutant davantage, comme un degré plus élevé de liberté et un degré moindre de dépendance[2]. » Il confirme ce que d'autres sociologues ont maintes fois relevé et souvent dénoncé, à savoir qu'il y a des privilégiés dans la société qui sont plus en mesure d'exercer leur liberté.

La liberté, soit celle conçue par Bourdieu, est peu vraisemblable si la majorité ignore les règles du pouvoir dans la société. Celle conçue par Touraine peut être adoptée si tant est qu'on prend conscience qu'en s'engageant dans un mouvement de revendication, on peut influer sur le cours de l'histoire. La liberté conçue par Mills nécessite une discussion raisonnée sur tout l'éventail des choix possibles et le pouvoir d'en décider ensuite. Enfin, celle de Bauman semble relative. Elle se développe avec l'âge mais elle est restreinte par nos activités passées et notre situation sociale plus ou moins privilégiée. Somme toute, la liberté doit être perçue et comprise dans le cadre de la vie en société et non être vue détachée de celle-ci comme si elle existait en soi.

---

2. BAUMAN, Zygmunt. *Thinking Sociologically*, Oxford et Cambridge, Blackwell, 1990, p. 35. Traduction de l'auteur.

La contrainte n'est pas toujours le contraire de la liberté

Jean Cazeneuve

Les contraintes sociales pèsent sur nous dès notre naissance, mais elles sont paradoxales. Prenons la langue maternelle pour exemple : nous apprenons graduellement des sons, des mots, des phrases dans un registre particulier, que nous répétons inlassablement jusqu'à ce que nous articulions parfaitement et parvenions à nous faire comprendre. C'est une contrainte, certes, comme bien d'autres apprentissages qui nous sont imposés, tels la posture, les manières à table, la politesse, etc. C'est pourtant grâce à cette langue imposée que nous pouvons communiquer avec les autres et faire valoir et faire respecter nos choix ou nos préférences. L'apprentissage scolaire, de même, nous forme et nous prépare à la société afin que nous puissions nous y tailler une place. Selon Cazeneuve, sociologue français, nous sommes d'autant plus libres que nous avons été longtemps et largement contraints au début de notre vie en société. Plus on a connu et digéré les rouages qui nous ont formés, plus nous sommes en mesure de changer des choses par la suite, seul ou en groupe. La ligne directrice qu'on peut dégager des conceptions sociologiques de la liberté, nous donne la possibilité d'agir en connaissance de cause : on s'arrête sur un projet, on pèse le pour et le contre et enfin on établit, seul ou avec d'autres, les conditions de sa réalisation.

QUESTIONS SUR LE CHAPITRE **10**

Question 1
Pour le sociologue PIERRE BOURDIEU, la société est comme un jeu.

→ Que veut-il signifier par là?

→ Que peut faire la sociologie par rapport à la liberté en société?

→ Selon ce sociologue, sommes-nous libres?

Question 2
Pour le sociologue ALAIN TOURAINE, on peut agir sur la société.

→ Que veut-il signifier par là?

→ Comment la sociologie peut-elle contribuer à cette prise de conscience?

Question 3
Pour le sociologue CHARLES WRIGHT MILLS, la liberté, c'est autre chose que faire ce qui nous plaît.

→ Que veut-il signifier par là?

→ Que vient faire la raison humaine dans tout cela?

Question 4
Pour le sociologue ZYGMUNT BAUMAN, la liberté s'accroît avec l'âge.

→ Que veut-il signifier par là?

→ Qu'est-ce qui empêche une liberté complète?

CONCLUSION

Ce parcours sociologique vers la connaissance de soi et des autres recèle quelques constats qui nous permettent de poursuivre notre réflexion sur le fait que nous sommes des êtres sociaux.

Si nous désirons nous réaliser pleinement en tant qu'être humain, il faut d'abord prendre conscience que nous faisons partie depuis notre naissance d'un réseau de relations. Comme le spécifie Elias, notre survie en bas âge et notre développement ultérieur sont redevables aux liens tissés avec les femmes et les hommes de notre environnement ainsi qu'avec les institutions qu'ils incarnent : famille, école, médias, système politique, économique, etc. Sans eux, et peu importe si leur influence a été positive ou négative, nous ne serions pas ce que nous sommes, c'est-à-dire des êtres sociaux, des individus inscrits dans une histoire familiale, scolaire, locale, nationale, voire internationale. Cette insertion crée une combinaison originale d'influences que nous subissons et qui font de nous des êtres uniques. Uniques mais sociaux, car nous partageons un fond commun de gestes et de pensées avec les divers groupes qui ont jalonné notre parcours. Bref, l'approche sociologique de la connaissance de soi et des autres révèle que ce n'est pas parce que nous avons le sentiment d'être libres que nous le sommes vraiment, et cela même si nous nous efforçons de ne pas être comme les autres.

La sociologie pose un regard sur le fait que même la plus petite part de liberté doit s'accompagner d'une réflexion sur les diverses sources d'influences que nous avons subies depuis notre enfance. C'est que nous avons été socialisés, c'est-à-dire que nous avons intégré et absorbé la société grâce à l'empreinte des divers groupes qui la composent et auxquels nous avons été associés. C'est ainsi que nous avons été élevés avec une certaine conception de ce qu'est ou devrait être un garçon et une fille. La classe sociale dont nous sommes issus a également un impact sur un certain *habitus* social que nous avons contracté. La société telle qu'elle s'offre à nous à l'aube de nos 17 ans marque aussi notre vision du monde. L'État et la nation dans lesquels nous grandissons contribuent à la perception que nous avons de nous-mêmes par rapport aux autres. Des situations impliquant des rapports de dominants ou de dominés expliquent certaines de nos réactions. Nos premiers pas dans le monde du travail sont une grande ouverture sur de nouvelles façons de faire, sur des manières inédites de voir les choses. Il semblerait aussi qu'une partie de notre caractère soit éminemment social, ce qui explique pourquoi notre degré d'intégration à la société a des effets sur nos comportements. Et tous ces éléments extérieurs à notre personnalité concourent pourtant à la formation de notre identité.

Réfléchir à ce que la société (les groupes d'humains et les institutions qui nous entourent) nous a transmis comme façons de faire, de penser et de sentir, nous permet d'être mieux armés devant certains obstacles, de nous sentir moins isolés, moins seuls. En nous servant de notre raison, c'est-à-dire la capacité que nous avons de concevoir par l'esprit ce qui ne se donne pas immédiatement à la perception, nous pouvons entrevoir des issues à nos problèmes en cessant aussi d'agir par impulsion ou par habitude. En effet, grâce à notre capacité de raisonnement, nous pouvons cibler les influences diverses que nous subissons et entrevoir l'au-delà, c'est-à-dire les choix possibles, souvent plus nombreux qu'on se l'imagine, comme le rappelle Mills.

Ces choix ne sont cependant pas infinis et les leçons de la sociologie sont à la fois frustrantes et stimulantes. D'une part, la sociologie enraye certaines illusions que nous chérissons, comme celles que nous pouvons nous épanouir sans contrainte ou encore que ce que nous sommes est prédé-terminé et ne peut être influencé par la société, comme dans les histoires de Tarzan ou de Robinson Crusoé. D'autre part, la sociologie nous indique que la société n'est pas et n'a jamais été figée, que ce sont ses membres qui la font et qui la transforment et que nous avons tous la possibilité d'y laisser notre marque, dans l'entourage immédiat comme dans la collectivité plus large. L'histoire fourmille de gens qui ont pris conscience de l'époque et de la société qui les entouraient et qui ont réussi, grâce à un judicieux équilibre entre l'action et la réflexion, à changer leur monde et le monde. Ces changements ont conduit, pour les plus spectaculaires, aux révolu-tions, scientifique dans le domaine des idées, industrielle dans le domaine des objets, française dans le domaine politique et féministe dans les rapports entre les sexes. Une dernière condition est cruciale : savoir ou avoir la conviction que l'on peut contribuer à sa société et non seulement la subir. La sociologie, dans ce sens, ouvre la voie, à qui veut l'écouter, à toutes les espé-rances humaines.

© ARCHIVES PERSONNELLES

GUY ROCHER

Pour terminer, penchons-nous sur les propos de deux sociologues, respectivement français et québécois, ayant rédigé dans les années 1960 les premiers ouvrages didactiques d'initiation à la sociologie. Le premier, P. Virton S.J., comparait la contrainte sociale à la pesanteur d'objets physiques. Nous avons pu vaincre la pesanteur, soulignait-il, en concevant des appareils qui volent, mais la réalité physique de la pesanteur existe toujours. Le second, Guy Rocher, comparait quant à lui la société à une planète qui poursuivrait sa course au-delà de son propre système solaire, obligeant ainsi la physique à revoir ses lois continuellement. La sociologie démontre ainsi que nos comportements sociaux sont complexes, mais en même temps plus riches en possibilités que s'ils étaient fixés et expliqués une fois pour toutes.

Bibliographie générale

ACCARDO, Alain. *Initiation à la sociologie. L'illusionnisme social. Une lecture de Bourdieu.* 2ᵉ édition, Bordeaux, Le Mascaret, 1991, 210 p.

ALBERONI, Francesco. *Le Vol nuptial. L'imaginaire amoureux des femmes.* Paris, Plon, 1994, 221 p.

BAUMAN, Zygmunt. *Thinking Sociologically.* Oxford et Cambridge, Blackwell, 1990, 241 p.

BAUDELOT, Christian et Roger ESTABLET. *Allez les filles!* Paris, Seuil, coll. « Points actuels », 1992, 243 p.

BOUCHARD, Pierrette et Jean-Claude ST-AMANT. *Garçons et filles, stéréotypes et réussite scolaire.* Montréal, Les éditions du Remue-ménage, 1996, 300 p.

BOURDIEU, Pierre. *La Distinction. Critique sociale du jugement.* Paris, Les Éditions de Minuit, 1979, 670 p.

CAZENEUVE, Jean. *La Personne et la société.* Paris, P.U.F., coll. « Le sociologue », 1995, 163 p.

CROZIER, Michel et Erhard FRIEDBERG. *L'Acteur et le système. Les contraintes de l'action collective.* Paris, Seuil, coll. « Points Essais », 1977, 500 p.

CROZIER, Michel. *Le Phénomène bureaucratique*. Paris, Seuil, 1963, 412 p.

DE COSTER, Michel. *Sociologie de la liberté*. Bruxelles, Université De Bœck, coll. « Ouvertures sociologiques », 1996, 239 p.

DUMONT, Fernand. *Raisons communes*. Montréal, Boréal, coll. « Papiers collés », 1995, 255 p.; *Genèse de la société québécoise*. Montréal, Boréal, 1993, 393 p.

DURKHEIM, Émile. *Le Suicide*. 2ᵉ édition, Paris, P.U.F., 1967 (1897), 461 p.

DURKHEIM, Émile. *Les Règles de la méthode sociologique*. 16ᵉ édition, Paris, P.U.F., 1967 (1895), 149 p.

ELIAS, Norbert. *La Société des individus*. Paris, Fayard, 1987 (1939), 301 p.

GRAND'MAISON, Jacques, Lise BARONI et Jean-Marc GAUTHIER (dirs.). *Le Défi des générations. Enjeux sociaux et religieux du Québec d'aujourd'hui*. Montréal, Fides (Cahiers d'études pastorales, 15), 1995, 496 p.

MANNHEIM, Karl. *Le Problème des générations*. Nathan, coll. « Essais et Recherches », 1990 (1928), 122 p.

MEMMI, Albert. *L'Homme dominé. Le Noir, le colonisé, le prolétaire, le Juif, la femme, le domestique*. Paris, Petite Bibliothèque Payot, nº 223, 1968, 232 p.

MEMMI, Albert. *Le Racisme*. Paris, Gallimard, 1982, 220 p.

MEMMI, Albert. *Portrait du colonisé* précédé du *Portrait du colonisateur*. Paris, Petite Bibliothèque Payot, nº 212, 1973 (1957), 179 p.

MILLS, Charles Wright. *L'Imagination sociologique*. Paris, La Découverte, 1997 (1959), 228 p.

RICARD, François. *La Génération lyrique. Essai sur la vie et l'œuvre des premiers-nés du baby-boom*. Montréal, Boréal, 1992, 282 p.

RIESMAN, David. *La Foule solitaire. Anatomie de la société moderne*. Paris, Arthaud, 1964, 379 p.

Sciences humaines, revue française, Hors série sur Identité et Identités, décembre 1996.

INDEX

chap 4   p 69
    5   p 85

AGMV Marquis

MEMBRE DE SCABRINI MEDIA

Québec, Canada
2003